高校教育管理信息化发展与创新研究

宋昊泽 著

中国原子能出版社

图书在版编目（CIP）数据

高校教育管理信息化发展与创新研究／宋昊泽著.
— 北京：中国原子能出版社，2022.11
ISBN 978-7-5221-2369-1

Ⅰ.①高… Ⅱ.①宋… Ⅲ.①高等学校-教育管理-
信息化-研究-中国 Ⅳ.①G640-39

中国版本图书馆 CIP 数据核字（2022）第 217387 号

高校教育管理信息化发展与创新研究

出版发行：中国原子能出版社（北京市海淀区阜成路 43 号 100048）

责任编辑：刘　佳

责任印制：赵　明

印　　刷：北京九州迅驰传媒文化有限公司

经　　销：全国新华书店

开　　本：787mm×1092mm　1/16

字　　数：150 千字

印　　张：8

版　　次：2022 年 11 月第 1 版　2024 年 4 月第 2 次印刷

书　　号：ISBN 978-7-5221-2369-1

定　　价：60.00 元

PREFACE

为深入贯彻落实党的十九大和十九届二中、三中、四中、五中全会精神，扎实推进教育信息化2.0行动计划，将信息技术与教育管理深度融合，建立智能培育环境，提升高校教育管理信息化建设与应用水平，加快推进高等教育管理高质量内涵式发展。

随着信息化的来临，科学技术的发展有了巨大的发展潜力，特别是在信息资源与其他信息共享方面更是如此。大数据是伴随着信息化的发展而产生的，并伴随着时间的推移，越来越多地渗透进人们的生活、学习、工作、交流等各个领域。而利用大数据技术进行教育管理的变革和优化，已成为当今信息化社会发展的必然。本书正是在这样的背景下，在大数据和技术优势的基础上，对高校教育管理的信息化问题进行了多角度的思考。

目前，人工智能、区块链、量子信息等新兴信息技术快速融入教育领域，通过移动设备使用线上平台开展教育管理已经是一种趋势。由于它的便捷性、灵活性与多样性备受师生们青睐，将来势必成为高校教育管理的一种重要手段，也是将来教育发展的方向。因此，本书针对教育管理信息化发展与创新的系统性研究展开论述，有助于面向教育管理全过程，将教育现代化向纵深发展，以及包括教学、科研、财务、资产等管理要素在内的横向发展，探索大数据背景下管理方式和管理内容的可行途径，对推动教育管理现代化起到至关重要的作用。

为了提升本书的学术性与严谨性，在撰写过程中，笔者参阅了大量的文献资料，引用了诸多专家学者的研究成果，因篇幅有限，不能一一列举，在此一并表示最诚挚的感谢。由于时间仓促，加之笔者水平有限，在撰写过程中难免出现不足的地方，希望各位读者不吝赐教，提出宝贵的意见，以便笔者在今后的学习中加以改进。

CONTENTS 目　录

第一章 高校教育管理概述

第一节 大学生管理的内涵与价值

大学生管理是高等学校为实现人才培养目标而面向大学生实施的特殊的管理活动，有其特定的内涵和重要价值。

一、大学生管理的内涵

研究大学生管理，首先就要明确其内涵。而要全面深入地把握高校学生的经营理念，必须明确其内涵，了解大学生管理的特点，明确大学生管理的目标。

（一）大学生管理的含义

管理，就其字面意义而言，就是管辖、处理的意思。管理的涉及面极其广泛，人们往往按照某种需要、从某种角度来看待和谈论管理，因此，对管理也就形成了多种不同的解释。即使是在管理学界，对管理也有多种不同的定义。从经营功能和流程的观点来看，经营是一个由计划、组织、指挥、协调、控制等功能构成的过程；有些则着重于管理的协同功能，把它看作是一个机构内为了实现目的而进行的人与物之间的协同工作；有些强调企业内部人与人之间的关系与行动，把经营看作是一种调节人与人之间关系、调动人们的积极性、实现共同目的的活动；有人从决策在企业经营中占有举足轻重的位置，把经营看作是一种决定；有人则从系统学观点来看，是指按照系统内在的客观法则，对其产生作用，并由此导致其进入新阶段。这些不同的定义，从各个不同的角度揭示了管理活动的特性。

综合上述各种观点，我们可以对管理的概念做如下：管理是指通过对特定的社会性组织进行决策、规划、组织和控制，实现对人力、物力、财力、时间、信息等多种资源的高效利用。

大学生管理是高等学校管理的一个重要组成部分，也是高等学校人才培养工作的一个重要环节。因此，大学生管理既具有管理的一般本质，又有其自身的特殊本质。这主要表现在下述几点。

（1）大学生管理是在高等学校这一特定的社会组织中进行的。任何管理活动都是在一定的社会组织中进行的。就像马克思说的那样："一切由很多人合作的工作，其过程的连结和团结，都必须体现在一个领导者的意愿上，体现在一切与地方工作不相关的工作中，就像一个乐队需要一个指挥员那样。"高等学校是系统培养专门人才的社会组织，大学生的教育和培养是其首要的和基本的任务。大学生管理也就是高等学校为实现这一任务而进行的特殊的管理活动。

（2）大学生管理的目的是实现高等学校的人才培养目标，促进大学生的全面发展。管理总是有一定目的的，管理的目的就是要实现一定社会组织的某种预定目标。世界上既不存在无目标的管理，也不可能实现无管理的目标。大学生管理作为高等学校人才培养工作的一个重要环节，其目的就是要实现高等学校在人才培养方面的预定目标，促进大学生的全面发展，使之成为德智体全面发展、具有创造性和实践性的中国特色社会主义的奠基人和继承者。

（3）高校学生的经营本质上是要充分发挥学校各类教育资源的作用，为大学生的成长成才提供指导和服务。大学生管理的任务是要为大学生顺利完成学业、健康成长成才提供各方面的指导和服务，包括对大学生行为和大学生群体的引导、为家庭经济困难学生提供的资助服务、为毕业生提供的就业服务等等。为此，就需要通过科学的决策、计划、组织和控制，有效地利用学校的各种资源，包括人力、物力、财力、时间和信息等。综上所述，所谓大学生管理，也就是指高等学校为实现人才培养目标，促进大学生全面发展，通过决策、计划、组织和控制，有效地利用各种资源，为大学生成长成才提供各种指导和服务的社会活动过程。

（二）大学生管理的特点

大学生管理作为高等学校为实现人才培养目标而为大学生提供的引导与服

务，有其自身显著的特点。

1. 突出的教育功能

大学生管理是高等学校人才培养工作的重要组成部分，因此，大学生管理既具有管理的属性，又具有教育的属性，有着突出的教育功能。

（1）大学生管理的目标服从和服务于大学生教育的目标。大学生是为了接受大学教育而跨进大学之门的，大学生管理则是高等学校为实现大学生教育目标，促进学生圆满完成大学学业而实施的特殊管理活动，因此，大学生管理的目标必然服从和服务于大学生教育的目标。一方面，大学生教育目标是制定大学生管理目标的基本依据。实际上，大学生管理目标也就是大学生教育目标在大学生管理活动中的贯彻和体现，是其在大学生管理领域的分目标。离开了教育目标，大学生管理也就偏离了方向。另一方面，大学生教育目标的实现有待于大学生管理目标的实现。大学生管理是实现大学生教育目标的重要手段，只有通过有效的管理，建立和保持正常的教育教学和生活秩序，要使学生在工作中发挥自己的作用，发挥其主观能动性，为其提供各项必需的辅导与服务，才能保证学校教育教学活动的顺利进行和学生的健康成长。没有有效的大学生管理，教育目标也就不可能实现。

（2）教育方法在大学生管理方法体系中具有突出的作用。教育方法是包括大学生管理在内的现代管理活动中最经常、最广泛使用的一种基本手段。这是因为，一切管理活动都离不开人，而人是有思想的，人的活动总是由一定的思想意识支配的。正如恩格斯所说："推动人去从事活动的一切，都要通过人的头脑。"因此，任何管理活动都要坚持思想领先的原则，注意做好人的思想工作，通过影响人的思想去引导和制约人们的活动。而大学生管理作为大学生教育和培养工作系统中的一个重要组成部分，也就必然要更加注重运用教育的手段，以增强大学生管理的实效性。同时，教育方法也是大学生管理中其他方法顺利实施并收到实效的基础。大学生管理的法律方法、行政方法和经济方法的实施，一般都要伴之以思想道德教育，才能收到良好的效果。

（3）大学生管理过程同时也是教育大学生的过程。高等学校是教育和培养专门人才的场所，高等学校的一切工作都应当对学生起到良好的教育和影响作用。直接面向大学生所实施的大学生管理工作,当然更是如此。事实上,在大学生管理过程中包含着十分丰富的教育因素。大学生管理过程中所贯彻的以人为本、民主法制、公正和谐的理念,所体现的从学校和学生的实际出发、遵循教育规律、实行民主管理、依法管理、坚持科学发展观、科学管理的方法等等都会对学生起到潜移默化的影响。大学生管理过程中所实行的依据大学生成长成才的规律和要求制定的各项规章制度,都会对大学生起到思想导向、动机激励和行为规范的作用。大学生管理过程中管理人员的情感、态度和言行也会对大学生起到表率和示范作用。可见,大学生管理的过程同时也是教育学生的过程,并直接影响着大学生思想品德的形成与发展。

2. 鲜明的价值导向

大学生管理总是为一定社会培养人才提供服务的,大学生管理的目的、管理体制和管理形式总是受到社会的经济基础、政治制度和意识形态的制约。因此,大学生管理必然具有鲜明的价值导向,它总是贯穿并体现着一定社会的主导价值体系,并直接影响着大学生价值观的形成、变化与发展。我国是人民民主专政的社会主义国家,我国的高等学校是为社会主义建设事业培养专门人才的。这就决定了我国的大学生管理必然要坚持社会主义的价值导向。具体地说,大学生管理的价值导向主要体现在以下几方面。

(1) 大学生管理的价值导向集中体现在管理目标中。目的性是人类实践活动的基本特征。而人的实践活动的目的,总是基于一定的需要和对实践对象的属性及其变化趋势的认识与判断,因此总是体现着一定的价值观念。大学生管理的目的同样如此。事实上,大学生管理的目的以及作为其具体展开的整个目标体系,都是基于一定的价值观念确定和设计的,都贯穿和体现着一定的价值观念和价值追求,因此,大学生管理的价值导向不仅对管理者的管理行为和大学生的日常行为起着导向、激励和评价作用,而且会对大学生价值观的形成和发展起到重要的引导和促进作用。例如,建立和维护良好的教育教学和生活秩序是大学生管理的重要目标,这一目标就体现了"有序"的价值,因此这一目标的执行,又会促进大学生形成"有序"的观念。同时,大学生管理是大学生教育的重要环节。为谁培养人,培养什么样的人,始终是大学生教育的首要问题,当然也是大学生管理的首要问题。显然,对这个问题的解决,必然鲜明地体现着一定的价值观念和价值追求。在我国现阶段，也就是要体现社会主义核心价值体系，体现实现中国特色社会主义的共同理想对人才培养的要求。因此，我国大学生管理的目标也必然要体现社会主义的价值导向。

（2）大学生管理的价值导向突出体现在管理理念中。大学生管理理念是大学生管理的指导思想，直接制约着大学生管理的原则和方法。而大学生管理理念也总是体现了社会的价值体系，并往往是社会的先进的价值观念在大学生管理中的贯彻和体现。例如，大学生管理中的"以人为本"的理念，就是我们党所坚持的"以人为本"的价值观念在大学生管理中的贯彻和体现。在大学生管理中全面贯彻"以人为本"的理念，坚持做到"关心人、尊重人、依靠人、发展人、为了人"，必然会对学生正确认识人的价值，确立"以人为本"的价值观念产生积极影响。

（3）大学生管理的价值导向具体体现在管理制度中。科学而又严密的规章制度，是大学生管理的基本手段，是大学生管理规范化、制度化和法制化的基本保证和主要标志。而管理规章制度总是人们在一定的价值观念指导和影响下制定出来的，总是体现着一定的价值导向，具体表现为要求大学生做什么，不做什么；鼓励和提倡做什么，反对和禁止做什么；奖励什么样的行为和表现，惩罚什么样的行为和表现等。大学生管理制度中的这些规定无不体现着鲜明的价值导向。2005年教育部修订的《高等学校学生行为准则》，明确要求大学生要做到：志存高远，坚定信念；热爱祖国，服务人民；勤奋学习，自强不息；遵纪守法，弘扬正气；诚实守信，严于律己；明礼修身，团结友爱；勤俭节约，艰苦奋斗；强健体魄，热爱生活。显然，这些对于大学生行为的基本要求，鲜明地体现了社会主义的价值导向。

3. 复杂的系统工程

同任何管理活动一样，大学生管理也是一项系统工程，具有整体性、层次性、动态性和开放性。同时，大学生管理又有其特殊的复杂性，因此是一项十分复杂的系统工程。

（1）大学生管理的任务是复杂的。既要紧紧围绕大学生的中心任务，加强对学生学习行为和实践活动的管理和引导，又要切实为大学生的健康成长着想，加强对学生日常行为包括交往行为、消费行为、网络行为的管理和引导，及时发现、校正和妥善处理学生的异常行为；既要加强对大学生现实群体包括学生班级、学生党团组织、学生社团和学生生活园区的管理和引导，又要适应网络时代的新情况，加强对大学生以网络为平台形成的虚拟群体的管理和引导；既要对大学生在校园内的安全加强管理和引导，又要为大学生在校外的安全提供必要的指导和督促；既要做好面向全体学生的奖学金评定，以充分调动学生的学习积极性，又要做好面向家庭经济困难学生的资助工作，以帮助他们顺利完成学业；既要引导新生科学制订职业生涯规划，明确努力的具体目标，又要为毕业生提供就业、创业指导和服务，使学生能够在合适的岗位上施展自己的身手、实现自身的价值。总之，大学生管理渗透于大学生专业学习和日常生活的各方面，贯穿于大学生培养工作的所有环节和全部过程，其任务是复杂而又艰巨的。

（2）大学生是具有明显差异和鲜明个性的。大学生管理的对象是大学生，但与之相比，大学生的性格特征存在明显的差别。他们各自都有自己独特的心灵境界和情感，性格、兴趣、爱好和习惯都不同。即便是同一个年级、同一个专业、同一个班级的学生，因为各自的生存环境和人生经验不同，他们的思维和行动也会呈现出不同的特征。同时，随着自主意识的增强，大学生普遍崇尚个性，追求个性的自由发展和完善。对同一学生而言在成长变化不同的历史时期有着不同的特点。因此，大学生管理就不可能按照完全统一的要求、规格和程序来进行，而要善于根据大学生的个性特点，因人制宜，因势利导，有针对性地开展工作。这就使大学生管理具有了特殊的复杂性。

（3）影响大学生成长的因素是复杂的。大学生管理的目的是要促进大学生的健康成长，而影响大学生成长的，不仅有学校教育因素，还有外部环境因素。外部环境的构成因素是复杂的。现实世界中，所有与大学生的学习、生活、活动和交往有关的环境因素，都会或多或少地对大学生的成长发生影响。其中，有社会的因素，也有自然的因素；有物质的因素，也有精神的因素；有经济的、政治的因素，也有文化的因素；有国际的、国内的因素，也有家庭的、学校周边社区的因素；有现实的因素，也有历史的因素。尤其是随着现代信息技术的迅猛发展，世界越来越紧密地联系在一起，由于大学生获得了全球范围内的各种资讯，因而，对他们的心理活动和心理发展产生了较多的影响。同时，外部环境对大学生的影响也是复杂的。一是其影响的性质具有多重性。其中，有积极影响，也有消极影响，二者往往交织在一起，同时发生作用。同样的环境因素相对于不同的大学生可能会发生不同性质的影响。例如，富裕的家庭经济条件对许多大学生是顺利完成学业的有利条件，但对有的大学生则成为铺张浪费、过度消费甚至不思进取、荒废学业的重要原因。二是其影响的方式具有多样性。有直接的影响，有间接的影响；有显性的影响，有隐性的影响；有通过对大学生思想情感的熏陶发生作用的，有通过对大学生行为的约束发生作用的。凡此种种，不一而足。所以，在高校毕业生的管理工作中，除了要对其进行合理的引导外，还要能够准确地了解和调节各种影响，使其发挥最大的作用，防止、抵御和转化其负面影响。

显然，这是一项十分复杂的工作。

4. 显著的专业特色

大学生管理传统上是经验性的事务型工作，但由于大学生管理有其特殊的管理对象、特殊的内在规律和特有的方法体系，决定了必须形成大学生管理专业视角、使用专业方法、形成专业研究模式。因此，大学生工作管理是专业性很强的工作。

（1）大学生管理有其特殊的管理对象。大学生管理的对象是大学生，而大学生则有着区别于一般管理对象的显著特点。一是大学生是具有高度自觉能动性的人。大学生具有强烈的自主意识、突出的独立意向和较高的智力发展水平，崇尚独立思考，要求自主自治。在大学生管理过程中，大学生不仅仅是接受管理的对象，也是积极活动的主体。对于管理的要求和规章，对于管理者施加的指导和督促，他们总要经过自己的思考，作出自己的评价、选择和反应。更重要的，他们还会主动积极地参与到管理活动中来，自觉地接受管理和实行自我管理。这就要求在大学生管理中必须着力激发和引导大学生的自觉能动性，使他们能够自觉地顺应大学生管理的目标和要求，主动接受管理，积极开展自我管理。二是大学生是正处于成长和发展关键时期的人。他们的心理日趋成熟但还尚未完全成熟，智力迅速发展，情感日益丰富，自我意识显著增强，但又存在着诸如理智与情绪的矛盾、自我期望与自身能力的矛盾等心理矛盾。他们正处于思考、探索和选择之中，人们的世界观、人生观念和价值观念逐渐成型，思维行为表现出明显的独立性、敏感性、多变性、差异性和矛盾。他们即将走上社会，正在做进入职场、全面参与社会劳动实践的最后准备。可见，大学生有着既不同于少年儿童、又区别于成人的特点。同时，也正由于大学生还处于趋向成熟的过程之中，因此在他们身上又蕴藏着各方面发展的极大的可能性，有着发展的巨大潜力。这就要求在大学生管理中，要针对大学生的特点，切实加强并科学实施对大学生的指导和服务，以促进他们的健康成长，并使他们的身心获得最佳的发展。三是大学生是以学习为主要任务，并在教师的指导下进行自主学习的人。大学生的主要职责是学习，大学生的学习是由教师指导的、按照一定的制度和规定有目的、有计划、有组织地进行的。同时，大学生可以按照学校的有关规定自主地选修课程，自主地支配大量的课外学习时间。因此，大学生的学习不仅需要掌握科学的学习方法，而且需要高度的学习自觉性和有效的自我管理。这就要求大学生管理紧紧围绕大学生的学习任务，切实加强对大学生学习行为的指导和管理。

（2）大学生管理有其特殊的内在规律。这是由大学生管理自身的特殊矛盾决定的。大学生管理的特殊矛盾就是社会基于对专门人才的需要而对大学生在行为方面的要求与大学生行为实际状况之间的矛盾。这一矛盾存在于一切大学生管理的活动之中，贯穿于一切大学生管理过程的始终，决定着大学生管理的全局。它构成了大学生管理的基本矛盾，也是大学生管理区别于其他社会实践活动的特殊矛盾。大学生管理就是为解决这一矛盾而专门进行的特殊社会实践活动。因此，大学生管理作为一种管理活动，固然要遵循管理的一般规律，但又有其区别于其他管理活动的特殊规律。大学生管理作为一种人才培养的手段，固然要遵循教育的一般规律，但又有其区别于其他教育活动的特殊规律。这就需要对大学生管理的特殊规律，进行专门的探索和研究。大学生管理理论研究的任务，就是要揭示大学生管理的特殊规律。

（3）大学生管理有其特有的方法体系。大学生管理所具有的特定的管理对象和特殊的管理规律，决定了大学生管理有其特有的方法体系。由于大学生管理工作涉及面极其广泛，具有很强的综合性，因此，要掌握管理学、教育学、心理学、社会学等各方面的知识，就显得尤为重要。然而，高校学生管理的方法系统不能简单地把各专业的教学方法与技术结合起来。针对大学生的特点，依据大学生管理的特殊规律和具体实际，把它们有机地结合起来加以综合运用，从而形成自己特有的方法体系。

（三）大学生管理的目标

大学生管理目标是一定时期内实施大学生管理活动所要达到的预期结果。大学生管理目标是大学生管理过程的指向、核心和归宿，规定着大学生管理的方向和任务，制约着大学生管理的手段和方法。科学地确定并正确地把握大学生管理的目标，是实施大学生管理的前提，是提高大学生管理效益的关键。

1. 确定大学生管理目标的依据

大学生管理目标作为大学生管理活动所要达到的预期结果，其形式是主观的，但它的确定并不是主观随意的，而是围绕高等学校的人才培养目标，依据社会发展的客观要求和大学生自身发展的客观需要而制定出来的。

（1）高等学校的人才培养目标，是确定大学生管理目标的直接依据。高等学校的人才培养工作是一个十分复杂的系统工程，大学生管理作为这一系统的重要组成部分，其目的就是要通过为大学生提供各种指导和服务，以保证学校人才培养目标的实现。因此，大学生管理目标的确定也就必然要以高等学校的人才培养目标为依据。实际上，大学生管理目标也就是高等学校人才培养目标在大学生管理领域中的体现和具体化。

（2）社会发展的客观要求，是确定大学生管理目标的根本依据。这是因为，高等学校的人才培养目标，归根到底是由社会发展的客观要求决定的。同时，大学生发展的基本趋势和总体状况归根到底取决于社会发展的状况及其对人才素质的客观要求。而大学生管理的实质就是要引导和帮助大学生充分利用社会所提供的各种条件，发展和完善自己，以适应社会发展的客观要求。

（3）大学生自身发展的需要，是确定大学生管理目标的重要依据。大学生管理目标的确定，在主要依据社会发展需要的同时，还应当兼顾大学生自身发展的需要。首先，大学生是正处于发展之中的、具有鲜明个性的人。他们都有自己的思想感情、兴趣爱好和理想追求，都有丰富和发展自己的迫切需要。社会主义和共产主义的本质也就是要使人的个性得到充分、自由的发展。因此，大学生管理的目标也就必然要体现大学生自身发展的需要。其次，大学生既是管理的对象，又是能动的主体。大学生管理目标能否实现，关键就看它能否激发大学生自我管理的主动性和积极性。为此，大学生管理目标，就必须体现大学生受教育者自身发展的需要。只有这样，外在的管理目标才能转化为大学生自身的内在追求，从而激励大学生自觉地开展自我管理，不断地奋发努力。

2. 大学生管理的目标体系

大学生管理目标按其地位和作用范围，可分为总目标和分目标。大学生管理的总目标是大学生管理的全部活动所要达到的预期结果。大学生管理的分目标则是各个领域、各种层次以及各个阶段的大学生管理活动分别所要达到的预期结果。总目标是分目标的基本依据，分目标是总目标的分解和具体化；总目标调节和控制着分目标的执行，总目标的实现又有待于各个分目标的实现。大学生管理的总目标和分目标相互联系、相互作用，构成了大学生管理的目标体系。

为了保证高校的正常教学、教学和生活秩序，保证学生的身心健康，使德智、体、美全面发展，教育部颁布了《普通高等学校学生管理规定》，这也是现阶段我国普通高等学校学生管理的总目标。

（1）维护高等学校正常的教育教学秩序和生活秩序，是大学生管理的直接目标。任何管理活动的直接目标或第一个目标都是建立和维护组织的正常秩序。事实上，管理活动的产生首先就是为了规范和协调人的行为，以使组织的各项活动能够围绕组织的目标，按照一定的制度和规定有条不紊地进行。这就像一个乐队总要有一个指挥，而指挥的目的首先就是要使乐队全体成员的演奏都能够按照乐谱的规定和要求有序地进行。同样，大学生管理的直接目的也就是要引导、规范和调控大学生的行为，建立和维护高等学校正常的教育教学和生活秩序，以使学校的各项教育教学活动和学生的学习与生活能够有序地进行。

（2）保障学生的身心健康，是大学生管理的基本要求。身心健康包括生理健康和心理健康，是生理健康和心理健康的有机统一。心理健康是人的身体健康的物质基础，也是人的身体健康的精神支柱。身体和心理的健康是人的全面发展的基础和内在要求。一个人，没有强健的体魄、振奋的精神和坚强的意志，就谈不上全面发展，也不可能成为适应社会需要的全面发展的高素质人才。保障大学生的身心健康是培养社会合格人才的内在要求，是高校学生自我发展和成材的迫切需求。

（3）大学生管理的分目标具有复杂多样性，主要有以下几种类型。

1）按大学生管理的工作内容而确定的分项管理目标。大学生管理是一个复杂的系统工程，具有多方面的工作内容，包括大学生行为管理、大学生群体管理、大学生安全管理、大学生资助管理和大学生就业管理等等。这就需要把大学生管理的总目标分解到各个具体工作领域之中，以形成各项管理工作的具体目标，从而通过各项具体目标的达成，以实现学生管理的总目标。具体说来，大学生行为管理的目标是，引导大学生自觉践行大学生行为规范，养成良好的行为习惯；大学生群体管理的目标是，引导大学生群体形成体现大学精神、积极向上的群体文化，开展丰富多彩、健康有益的群体活动，充分发挥对大学生成长成才的积极作用；大学生安全管理的目标是维护学校稳定，保障学生安全，建设平安校园；大学生资助管理的目标是为贫困大学生提供基本的经济保障，促进他们健康成长和顺利成才；大学生就业管理的目标是引导毕业生树立正确的就业观念、增强职场竞争能力，帮助他们顺利找到合适的职业岗位。

2）按大学生培养过程的不同阶段而确定的阶段性管理目标。大学生的培养过程具有明显的阶段性，各个阶段具有各自的工作重点，而不同学习阶段的大学生也各有其自身的特点。这就需要依据大学生管理的总目标和大学生培养过程的内在规律性，科学地确定各个阶段大学生管理的具体目标，并使之环环相连、紧密衔接、循序渐进。就本科生管理而言，在一年级应注重引导学生实现角色转换，尽快适应大学的学习和生活。在二年级，应注重引导学生依据社会需要确定自己的奋斗目标，对未来的职业生涯做出初步规划，全面提高自己的知识素养和能力，有目的地发展自己的兴趣和特长；在三年级，应注重引导学生认识自身素质与社会需求的差距，抓紧时机，完善自己，提升自我；在四年级，应注重引导学生客观全面地分析自身情况，为就业或升学做好充分准备。

3）按大学生管理主体的具体分工而确定的具体工作目标。大学生管理目标的实现有待所有学生管理部门和全体学生管理工作者的共同努力。在大学生管理工作系统中，每一个部门，每一位管理者，都有其特定的工作领域和工作职责。为了充分发挥所有部门和全体管理者的作用，并使他们紧密配合、形成合力，就要把大学生管理的总目标层层分解并落实到各个部门和各位管理者，形成部门和管理者的具体工作目标。如学生工作部（处）工作目标、学校团委工作目标、教务处学生管理工作目标、学生会工作目标、辅导员及班主任工作目标等等。并使他们各司其职，相互配合，形成管理合力。只有这样，才能引导和协调学校中各方面的力量，以保证大学生管理总目标的实现。

二、大学生管理的价值

大学生管理对社会进步、高等学校发展和大学生成长、成才都有着重要的意义和价值，全面认识大学生管理的价值，是大学生管理研究的重要课题，也是切实加强和改进大学生管理的重要思想基础。

（一）大学生管理价值概述

价值本来是一个经济学的范畴。它是伴随着商品生产的出现而产生的。在经济学领域中，价值指的是凝结在商品中的无差别的人类劳动。现在，价值范畴已经广泛地运用于社会政治、法律、道德、科技、教育和管理等各个领域之中，成了人们评价一切事物的一个普遍的范畴。因此，价值范畴又具有了哲学意义上的新的内涵。在哲学意义上，价值是指客体对于主体的作用和意义，它体现了客体的属性和功能与主体的需要之间的一种特定关系，即客体属性和功能对主体需要的满足关系。价值作为一个关系范畴，不能离开主客体中任何一方而存在。一方面，价值离不开主体，主体的需要是衡量价值的尺度，只有能够满足主体需要的事物或对象，才具有价值；另一方面，价值也离不开客体，客体的属性和功能是价值的载体。价值的实质，也就是客体的属性和功能对主体需要的满足。

大学生管理的价值是指大学生管理对于社会、高等学校和大学生所具有的作用和意义，也就是大学生管理的属性和功能对社会进步、高等学校发展和大学生成长、成才需要的满足。大学生管理价值的客体是大学生管理本身。大学生管理具有能够对大学生的成长和发展、对高等学校实现教育目标、对培养社会合格人才发挥作用的属性与功能。正是大学生管理的这些属性和功能构成了大学生管理价值的基础。大学生管理价值的主体是社会、高等学校和大学生。高等学校是大学生管理的实施者。高等学校之所以要实施大学生管理，就根源于实现教育目标的需要，而大学生管理则具有能够满足这种需要的属性和功能。因此，高等学校也就成为大学生管理价值的主体。同时，高等学校的教育目标又是依据社会对专门人才的要求和大学生自身发展的需要制定的，因此，社会和大学生也就都成为大学生管理的主体。大学生管理价值所体现的也就是大学生管理的属性和功能对社会、高等学校和大学生需要的满足关系。

大学生管理价值有其下述显著特点。

（1）直接性与间接性。大学生管理对其价值主体的作用，就其作用的形式而言，有直接作用和间接作用。因此，大学生管理价值也就具有直接性和间接性的特点。大学生管理价值的直接性是指大学生管理能够不经过中介环节而直接作用于价值主体，以满足其一定的需要。一般说来，大学生管理对大学生的影响和作用往往就是直接地发生的。大学生管理价值的间接性是指大学生管理需要通过一定的中介环节而间接作用于价值主体，以满足其一定的需要。一般说来，大学生管理对于社会的影响和作用往往就是通过对大学生的影响和作用而间接地发生的。

（2）即时性与积累性。大学生管理价值的实现即大学生管理以自身的属性和功能对价值主体某种需要的满足总要经过一个或短或长的过程，因此，大学生管理价值也就具有即时性与积累性的特点。大学生管理价值的即时性是指大学生管理活动在短时间内就能够迅速达到目标，从而满足价值主体的某种需要。例如，及时办理新生中家庭经济困难学生的助学贷款，以使他们能够跨进大学、安心学习；及时处理学生中发生的突发事件，以保障学生安全和校园稳定等等。大学生管理价值的积累性是指大学生管理往往要经过一个相当长的过程，通过长期的工作积累，才能达到目标，从而满足价值主体的需要。例如，为适应高职院校的人才培养需求，构建良好的教育与教学秩序；加强学生的道德修养，养成良好的行为习惯，以满足社会发展与学生自身发展的需要，等等。这些都不是一朝一夕所能实现的，而是需要长期的工作积累。

（3）受制性与扩展性。大学生管理价值的受制性是指大学生管理价值的实现要受到其他种种因素的影响。这是因为，大学生管理价值就是对大学生成长成才的作用和意义。而大学生的成长成才则还要受到高等学校内部其他因素和外部环境因素的影响。因此，大学生管理在大学生成长成才中作用的发挥，也就必然要受到其他种种因素的制约。当其他因素对大学生的影响与大学生管理的作用方向相一致，大学生管理就容易收到实效，大学生管理的价值也就易于实现。反之，如果其他因素对大学生的影响与大学生管理的作用方向不相一致，大学生管理就难以收到实效，大学生管理的价值也就难以实现。大学生管理价值的扩展性是指大学生管理可以通过大学生的活动和影响对高等学校内部其他工作和外部环境因素发生作用，从而使自身价值得到扩展。例如，大学生管理通过对学生科技创新和创业活动的鼓励和支持，激发起学生科技创新和创业的积极性，这就必然会推动学校的教学创新，以提高学生的科技创新能力和创业能力。再如，大学生管理通过对学生日常行为的引导，使学生养成了遵守社会公共道德规范、自觉维护公共秩序和环境卫生的行为习惯，这就必然会对学校周边环境的优化发生积极的影响。

（4）系统性与开放性。大学生管理价值的系统性是指大学生管理的价值是一个由多种维度、多种类型的内容构成的有机整体。按价值的主体，可分为社会价值、高校集体价值和个体价值。社会价值是大学生管理对社会运行和发展的作用和意义；高校集体价值即大学生管理对高等学校运行和发展的作用和意义；个人价值即大学生管理对大学生个体成长和发展的作用和意义。按价值存在的形态，可分为理想价值和现实价值。理想价值是大学生管理价值的应有状态，即大学生管理所追求的最终价值；现实价值是大学生管理的实有状态，即在现实条件下已经实现或正在实现的价值。还可以按价值的性质，分为正向价值和负向价值；按价值的大小，分为高价值和低价值，等等。大学生管理价值就是由上述各种价值组成的系统。大学生管理价值的开放性是指大学生管理的价值取向是随着大学生管理职能转变和价值主体需求的转变而发生的。随着社会的发展，大学生管理服务对象的需要在变化发展，这就必然会促使大学生管理的功能发生相应变化和发展，从而使大学生管理的价值得到增强和拓展。例如，随着计算机网络的发展及其对大学生的二重影响，要求大学生管理必须加强对大学生网络活动的管理和服务，从而使大学生管理的价值拓展到网络空间之中。

（二）大学生管理的社会价值

大学生管理的社会价值是指大学生管理对社会运行与发展的作用和意义，即大学生管理的属性和功能对社会运行与发展需要的满足。大学生管理的社会价值集中表现在它是培养中国特色社会主义建设合格人才的重要手段，构建社会主义和谐社会的内在要求。

1. 培养合格人才的重要手段

中国特色社会主义事业的发展需要数以亿计的高素质的劳动者、数以千万计的专门人才和一大批拔尖创新人才。高等学校是人才培养的重要基地，其中心任务就是要为中国特色社会主义建设培养合格的专门人才。而大学生管理则是高等学校人才培养工作的重要手段，在培养合格人才中发挥着不可或缺的重要作用。

（1）维护正常的教育教学秩序。高等学校的教育教学活动总是按照一定的制度和规章有目的、有计划、有组织地进行的，建立和维护正常的教育教学秩序是高等学校教育教学工作的内在要求和基本条件。这就需要有严格的、科学的管理，包括大学生管理。大学生管理在维持高等学校教育教学秩序中具有特殊的重要作用。在大学生管理中，实行严格的学籍管理，按照一定的制度和规定，有序地做好有关学生入学与注册、课程和各种教育环节的考核与成绩记载、转专业与转学、休学与复学、退学、毕业与结业等各项工作，是建立正常的教育教学秩序的基础。实施系统的学习管理，引导学生明确学习目的，提高学习的主动性和自觉性，规范学生的学习行为，督促学生自觉遵守学习纪律和考试纪律，形成良好的学风，是建立正常的教育教学秩序的关键。加强对学生班级、学生社团等学生群体的管理，引导学生紧紧围绕学校的教育教学目标，有序地开展班级活动、社团活动和其他课余活动，是建立正常的教育教学秩序的重要条件。

总之，大学生管理是建立和维护正常的教育教学秩序的重要保证。没有有效的大学生管理，就不可能有正常的教育教学秩序。

（2）激励、指导和保障学生的学习行为。高等学校教育教学的过程是教师与学生双向互动、"教"与"学"辩证统一的过程。其中，"教"是主导，"学"是关键。学习是大学生的主要任务，是大学生能否成为合格人才的关键。而大学生管理则对大学生的学习行为起着重要的激励、指导和保障作用。大学生管理对学生学习行为的激励作用主要表现在：引导学生充分认识大学学习的社会意义和个体价值，明确学习目的，以激发学生的学习动机；运用颁发奖学金和授予荣誉称号等方式，表彰学业优秀的学生，以鼓励学生勤奋学习；把竞争机制引入学生的学习活动之中，围绕学生的专业学习，组织各种竞赛活动，以激发学生的学习热情。大学生管理对学生学习行为的指导作用主要表现在：指导新生了解大学阶段学习的特点和要求，促进他们尽快实现学习方式从被动性学习到自主性学习的转变；指导学生根据社会需求和自身实际制定职业生涯规划，明确自己的事业发展方向，以明确自己的学习目标；对学生进行科学的教学，养成良好的学习习惯，不断提高自主学习的能力和学习效率；指导学生积极开展社会实践活动：注重在实践中加深对专业理论知识的理解，在实践中提高自己的专业技能。大学生管理对学生学习行为的保障作用主要表现在：加强资助管理，切实做好助学贷款和助学金的发放工作，组织和指导学生的勤工助学活动，为家庭经济困难学生安心学习、顺利完成学业提供必要的经济条件；开展学生学习心理的辅导，帮助学生克服学业焦虑等各种消极心理，以积极健康的心态对待学习等。

（3）培养学生的思想品德。中国特色社会主义建设要求高素质的人才，既要有过硬的专业技能，又要有过硬的职业道德素质。所谓"道德"，就是人们在某种意识形态的指引下，依照社会的行为准则行事时，其相对的稳定性。它是以心理因素为基础的思想与行为的统一体。培养大学生良好的思想品德，不仅需要深入细致的思想政治教育，还需要有效的管理。这是因为人们良好思想品德和行为习惯的形成，有一个由他律到自律的过程。大学生各方面还未成熟，发展尚未稳定，加之各个学生的思想基础不同，接受教育的主动性、积极性和自觉性各不相同，因此，大学生自我管理、自我约束的能力尚有欠缺并存在差异。要帮助大学生提高自理、自律的水平，使他们能够自觉地遵循社会的思想规范、政治规范、道德规范和法纪规范，并形成良好的行为习惯，就必须在加强思想政治教育的同时，加强对大学生各方面的管理，注重大学生日常行为规范的训练。通过大学生管理，科学制定并严格执行各项规章制度，强化行为管理和纪律约束，使大学生的学习、交往等各方面的行为都能够按照一定的规范有序地进行，不仅有助于培养大学生良好的行为习惯，也可以为思想政治教育创造良好的环境条件，从而增强思想政治教育的效果。

2. 构建和谐社会的内在要求

实现社会的和谐，历来是全人类所追求的社会理想，也是中国共产党和中国人民不断努力追求的一个重大目标。十六大以来，我国共产党对社会主义和谐社会建设的认识日益加深，对建设社会主义和谐社会提出了新的要求。中国特色社会主义具有社会和谐的基本特征，构建社会主义和谐社会是发展中国特色社会主义的基本要求和重要保证。大学生管理作为对大学生这一特殊社会群体提供引导和服务的社会活动，在构建社会主义和谐社会中发挥着特有的重要作用，具有特殊的重要价值。

（1）大学生管理是维护社会稳定、实现社会安定有序的重要保证。构建社会主义和谐社会应当是民主法治、公平正义、诚实友爱、充满活力、安定有序、人与自然和谐相处的社会。稳定和有序是构建社会主义和谐社会的内在需求和重要特点。社会稳定则是安定有序的基本内容和重要表现，也是改革、发展的前提。邓小平在推进改革开放的过程中，反复强调稳定是压倒一切的，没有稳定的环境，什么都搞不成。而高校稳定是社会稳定的重要条件，高校稳定的关键则又在大学生。这是因为，大学生的思想尚未成熟，存在着显著的矛盾性。他们关心国家发展，关注时事政治，追求民主自由，并具有较强的政治参与意识，但尚缺乏政治经验和社会生活经验，政治辨别能力不强，因此容易受到社会上错误思潮和不良倾向的影响。同时，大学生正处于青年期，情感具有强烈性。这既使大学生热情奔放，勇往直前，也使大学生易于冲动，甚至失去理智。成千上万的大学生集中在高等学校的校园内，如果缺乏正确的引导和有效的管理，一些不良的倾向和问题，很容易在大学生中扩散开来，并造成不良的社会影响。因此，切实加强大学生管理，正确引导大学生的社会活动和政治行为，妥善解决大学生在学习、生活、交往和就业中碰到的各种矛盾和问题，及时处理大学生中发生的各种突发事件，以保持高等学校的稳定，对于维护社会稳定，实现社会安定有序具有特殊的重要意义。

（2）大学生管理是构建和谐校园的重要手段。高等学校是现代社会中不可或缺的重要社会组织，担负着培养人才、推进科技进步、传播先进文化的重要任务。构建和谐校园，是构建社会主义和谐社会题中应有之义，也是推进高等学校科学发展的内在要求。加强大学生管理，加强高校德育工作的指导与组织，是促进高校和谐发展的重要保障。加强对高校学生的管理，健全高校学生民主管理制度，引导、支持、组织学生依法参加学校民主管理和自我管理。切实维护和保障学生在校期间享有的权利，引导和督促学生全面履行法律规定的义务，自觉遵守国家法律和学校管理制度，能够有力地推进高等学校的民主法制建设。

加强大学生管理，妥善地协调学生与学校、学生与教师之间的关系，维护学生的正当利益，实事求是地评价学生的思想品德和学业成绩，公正地实施奖励和处分，正确地处理学生中的各种矛盾和问题，可以使公平正义在校园中得到弘扬。加强大学生管理，督促学生在学习考试、科学研究、人际交往和日常生活中坚持诚实守信，做到不作弊、不剽窃，引导学生尊敬师长，友爱同学，团结互助，才能在校园中形成诚信友爱的良好风气。通过大学生管理，充分调动学生的积极性和创造性，围绕专业学习，开展丰富多彩的社团活动和社会实践活动，鼓励、组织和支持学生开展科学研究、进行创造发明、尝试创业活动，才能使校园真正充满活力。通过大学生管理，为了保证学生的身体健康，必须加强对学生的安全教育与管理。有效地预防和妥善地处理学生中的突发事件，努力建设平安校园，才能使校园实现安定有序。通过大学生管理，引导和督促学生自觉维护校园环境，节约使用水、电等各种资源，才能使校园成为人与自然和谐共处的生态校园。

（3）大学生管理是促进大学生集体和谐发展的重要手段。包括大学生党团组织、班级、学生会、社团等等在内的大学生集体是大学生政治、学习和日常生活的基本组织形式，直接影响着大学生的思想和行为，是大学生思想政治教育和管理的重要载体。大学生集体的和谐发展，不仅直接关系着大学生个体的健康成长和全面发展，也直接关系着高等学校的和谐稳定和科学发展。大学生管理内在地包含着对大学生集体的管理，因此在促进大学生集体和谐发展中具有十分重要的作用。通过大学生管理，引导大学生集体自觉遵循学校的有关制度和规定，紧紧围绕学校的人才培养目标和学生成长成才的需要，积极开展丰富多彩的集体活动，充分发挥自身在大学生自我教育、自我管理中的作用，可以促进大学生集体的发展与学校发展的和谐与统一。通过大学生管理，切实加强大学生集体的思想建设、组织建设、制度建设和作风建设，引导大学生增强集体意识，主动关心集体发展，积极参与集体活动，弘扬团结互助精神，不断增进同学友谊，注重相互沟通与交流，及时化解各类矛盾，可以促进各个大学生集体自身的和谐发展。通过大学生管理，引导大学生党团组织、班级、学生会、社团等各类大学生集体正确处理相互之间的关系，加强相互之间的沟通和协调，做到相互配合、相互支持，形成大学生自我教育、自我管理的合力，可以促进各类大学生集体的相互和谐与共同发展。

第二节　大学生管理的理念与原则

　　管理是门科学，高校管理是以一系列的管理活动有序地组合起来的一种系统化的组织过程。适当的遵守理念和原则，对于确保大学生管理工作的正确方向，实现管理质量与效率的最大化具有重要意义。

一、大学生管理的理念

（一）人本管理的理念

　　理性化和人性化一直是管理发展中的两条重要线索。泰罗及其科学管理理论是理性主义的典型代表，并长期居于管理思想的主流。20世纪20—30年代以来，在"行为科学"和"关系理论"的不断发展下，人文主义逐渐占据管理思想的重要地位，人性和个人价值得到普遍认同。人本管理的思想要求在管理活动中，始终把人放在中心位置。在手段上，着眼于所有成员积极性发挥和人力资源的优化配置；在目的上，追求人的全面发展以及由此带来的效益的最优化。

　　在高校管理工作中，坚持"以人为本"的管理思想，即树立"以人为本"的现代学生观念，尊重学生的主体性，推动学生的个性发展，实现学生多元的评价。在实际工作中尊重学生的主体性、差异性、丰富性、独特性，把学生当做有血有肉、有生命尊严、有思想感情的人；注重培养和培养学生的能力，真正做到对学生的尊敬、体谅、关怀、指导。

　　（1）尊重学生主体需求，促进学生成长成才。要区分不同类型、不同层次学生的特点和需求，分层次、分阶段做深入细致的教育、管理和服务工作，建立起帮助学生成长，解决学生困难，方便学生办事，维护学生权益的大学生管理工作体系，把最好的教育留给学生。所以，高校学生管理工作要立足于学生的需要，要将工作和学生的成材需要紧密联系起来，要将学生的目前和长期的需要联系起来，要将学生个人的需求与群体的需求紧密结合，把表面的物质需求与深层次的精神需求紧密结合，努力培养德才兼备，品学兼优，知行合一的社会主义建设者和可靠接班人。

（2）体现学生的主体参与，实现学生的自主发展。就是要充分发挥学生的主体作用，引导学生参与管理实践，使学生成为管理的主人。学生参与管理的主要平台有学生会、班委会、团支部、社团联合会等学生组织，可以通过学生干部定期换届等方式，努力让每个学生都有机会参与管理。在就业管理、安全管理、资助管理等工作中，也要充分调动学生的积极性，引导学生参与相关政策制定和实施，真正实现管理依靠学生。

（3）实行民主管理。推行民主管理，尊重学生的主动性和首创性是人本理念的重要体现。因此，不仅要增强管理者和学生的民主管理意识，更要完善民主选举、决策和监督等民主管理运行机制，畅通民主管理渠道。

（二）科学管理的理念

科学管理是 20 世纪初在西方工业国家影响最大、推广最普遍的一种管理思想，其代表人物泰罗被称为"科学管理之父"。科学管理的实质在于将实践积累的管理经验加以标准化、系统化、科学化，用科学管理代替经验管理。科学管理的主体思想包括三方面，一是提高劳动生产率，这是科学管理的中心问题，是确定各种科学管理原理和方法的基础；二是在管理实践中，通过制定各项明确的规章制度和标准，使管理科学化、制度化，从而提高管理的效能和效益；三是科学管理不仅在于具体的制度和方法，而在于重大的精神变革。大学生管理工作中的科学管理，特征是规范化、制度化和模式化，其价值核心在于提高学生管理的效率，强调建立完备的组织机构、详细的工作计划、严格的规章制度、明晰的职责分工、管理的程序化和采用物质激励以及纪律约束与强制。在这种管理方式下，大学生的学习模式、纪律制度、行为准则、运作程序都实现了规范化；信息传递、各项学习生活实现了程序化，最大限度地引导学生接受正确的价值取向，实现管理效能的最大化。

（1）要用科学完备的制度规范引导人，尊重不等于放纵，没有规矩不成方圆。养成良好的行为习惯是学生成才的重要维度。为此要大力加强大学生管理的制度文化建设，建立科学、人性的大学生管理体制体系。

（2）要构建平等和谐的师生关系，在师生互动中实现管理的和谐。管理者不应是高高在上的发号施令者，而应是积极的引导者和平等的协商者。管理者要以学生为友，平等地与学生交流，尊重学生的个性，真诚地为学生提供学业指导、生活帮扶和心理辅导。管理者尤其是辅导员老师，要在管理过程中，创造性地展示自己的才华，在与学生交往、交流中实现自己的理想与人生价值，真正做到互为主体、教学相长。

（3）要构建统筹协调的制度、机制和运作方式。加强学生工作机制，增强其组织和协调作用，理顺学生管理系统各部门、各层次、各岗位的职责权限关系，使管理工作与教学工作、课堂内的管理与课堂外的管理、学院与机关、机关各职能部门以及各管理者之间坚持统一标准，统一的声音，形成合力，互相促进。

（三）依法管理的理念

（1）要增强法律意识，加强法律知识学习。新中国成立以来，国家制定了《中华人民共和国教育法》《中华人民共和国高等教育法》等有关教育的法律法规，还出台了《普通高等学校学生管理规定》《教育行政处罚暂行实施办法》等200多个法规、规章，基本形成了以《中华人民共和国教育法》为核心的教育法律法规体系。作为大学生管理者，不仅自身要认真学习这些法律条文，深刻理解，做到关键问题心中有数，疑难问题随时查询，同时，还要注意引导学生积极学习各种常用的教育法律、法规和规章，了解自己的合法权利、义务，增强依法维权和依法履行义务意识，养成良好的学法、守法的习惯，为学生适应社会、推动国家法制建设夯实基础。

（2）要以法律为准绳，依法制定适用于学校实际的内部具体规章制度。目前，大学生管理的一般性法律法规已经比较健全，但是，不同类型、不同层次、不同地区的高校对学生的管理实践也不尽相同，需要按照《普通高等学校学生管理规定》等法律法规，制定适合学校实际的内部具体规章制度。

（3）要严格遵守法律法规。要把对学生的规范管理与对学生合法权益的有效维护结合起来，既严格要求，又要充分尊重和平等对待。尤其是在处理违规违纪学生时，一定要做到事实清楚，证据确凿，使用法律法规正确恰当，处理程序符合相关法律规定。做到不滥用职权，不越权，不以权谋私，公平公正。

二、大学生管理的原则

大学生管理原则的确定，主要依据大学生管理的内在规律、实践经验及党的路线、方针、政策。新形势下，大学生管理主要包括方向性、发展性、激励性和自主性等基本方法。

（一）方向性原则

高校学生管理要遵循定向原则，这是一个关系到培养什么人、怎样培养人的根本问题。在高校中，高校的管理工作是高校的一个重要组成部分。社会主义大学的主要目标是培养合格的社会主义事业建设者和可靠接班人，大学生管理工作直接影响这一目标的实现。方向性原则是指确定大学生高校管理目标和管理工作，必须符合我国教育方针、政策、法律、法规等方面的目标。方向性原则是大学生管理中具有决定意义的基本原则。只有坚持这一原则，才能促进大学生管理沿着高等教育育人工作的总目标发展，才能保证大学生正确的管理方针，有利于培养全面发展的社会主义事业的建设者和接班人。坚持方向性原则，是大学生管理的社会属性决定的，也是我国大学生管理历史经验的总结。

大学生管理中坚持方向性原则，以下要点是至关重要的。

1. 增强管理者的政治意识

高校学生的管理工作，政治方向和价值取向都很明确。任何社会的大学生管理都是为一定社会、阶级服务的。大学生管理目标、管理理念、管理任务、管理方式、管理方法等在不同社会中存在着明显的差别。然而，在我们的管理理论和实践中，往往存在着忽视管理的政治功能和价值导向的现象。一些人甚至不认为大学生管理有何方向性可言。因此，体现大学生管理的方向性，首要的问题就是增强管理者本人的政治意识，促使管理者自觉地思考管理的政治取向与价值取向。高校管理人员应将定向需求贯穿于高校管理的整个过程，并将其融入到具体的管理活动之中。引导广大学生积极投身改革开放和社会主义现代化建设，在为祖国和人民在不屈不挠的斗争中，不断地实现自己的生命价值。

2. 以制度的合法性体现管理的政治导向性

坚持方向性原则，就必须自觉接受党的领导，其核心是坚决贯彻党的方针、路线、政策。学校的各项制度就是贯彻党的方针、路线、政策的主要载体，是一定社会政治方向、价值导向等的具体体现。因此，学校层面制定的各类大学生管理相关制度，一定要与国家的法律、法规相一致。通过合法制度来保障大学生管理的方向性。要重视将定向原则贯穿于整个制度建设与实施的全过程，培养大学生对社会主义理想的信仰，并在实践中不断成长。

（二）发展性原则

大学生管理坚持发展性原则，包括两方面：一是管理工作本身要不断发展，二是通过管理促进学生的全面发展。从管理工作本身来看，随着我国社会政治、经济、文化的不断发展，社会生活发生了复杂而深刻的改变，高校管理工作的形势、环境、对象和任务发生了深刻的变革，这就要求管理的体制、机制不断变化，管理方式、目标、途径及时调整，以确保大学生管理工作的实效。

通过管理促进学生全面发展，关键是做到三点。

1. 要树立发展意识

思想是行动的先导，有什么样的发展理念，就会有与之相应的管理方式和结果。传统的大学生管理重管理，把管住学生作为学生管理的出发点。个别管理者往往以强硬的制度规范、约束学生的行为，以训诫、命令代替沟通。这种方法常常会损害学生的自尊，损害他们的自主意识，阻碍他们的发展。管理坚持发展性原则亟须转变传统的观念，要有意识地把学生全面发展作为管理活动开展的前提。在大学生管理中，牢固树立促进学生全面发展的责任感和紧迫感，打破思维定势，以新的发展观念指导管理决策，设计管理计划，谋划学生的全面发展。

2. 要不断推动管理创新

通过管理促进学生全面发展，需要同时注重管理本身的发展，而管理的发展实际上是创新。服务于学生全面发展的管理创新就是在高校管理的基本原则上，要与时俱进，要坚持继承和创新，要有创造性地进行工作，以促进学生的全面发展和成才。目前，大学生管理的机制、途径、方法与载体都是在过去的环境条件下，针对过去的情况产生的。但是随着社会经济的迅速发展，大学生管理工作面临着新环境、新问题，大学生在思想上出现了迷惑和困扰，在观念上呈现出多元化特点。如果固守原有的管理方法必然不能较好地适应今天的需要，解决不了今天的问题。为此，创新大学生管理工作成为时代和社会赋予的重任。

3. 要统筹各方面的资源形成促进学生发展的合力

一直以来，我们在高校管理的实践工作中都强调高校学生管理包括管理学生和服务学生两大方面。但在具体操作上，管理却总是多于服务。实践证明，把职业生涯规划、生活帮扶、大学生就业指导、心理辅导等贯穿管理始终更易于发挥学生的主观能动性、激发学生的创造性，从而促进学生的发展。要理顺学校各管理部门关系，通过部门间的相互协调，相互联系，从而将组织内部各个要素联结成一个有机整体，使人、财、物、信息、资源等得以最佳配置，形成促进学生发展的合力。

（三）激励性原则

激励性原则，是指大学生管理中利用一定的物质手段或精神手段，引导学生思想行为的变化，调动学生的积极性、创造性，使学生的潜能得到最大限度发挥，从而实现管理目标的基本准则。在大学生管理中，恰当运用激励性原则，将使管理活动更易于被学生接受，更好实现管理的目标。

激励的效果取决于在激励过程中采取的手段、方式能否针对大学生的发展实际、能否满足大学生的需要、能否在大学生内心形成自我激励的内在动力等。因此，在大学生管理中贯彻激励性原则，需要做到以下几方面。

1. 运用正向激励手段

高校在学生管理过程中，科学、合理地运用激励机制，有利于激发大学生的主动性和创造性，改变他们的观念和行为。积极的激励主要有两种：一种是物质上的，主要指金钱或是实物，物质利益的需求和满足是人生存和发展的一个必备条件。对学生进行一定的物质激励，有助于调动学生积极性、主动性；另一种是精神上的，主要指通过各种形式的表扬，给予一定的荣誉。正向的激励有助于学生把外在的压力转变为自己的努力，使自己的潜力得到最大程度的开发，从而有效地激发学生的成长和成材。在大学生管理中，要协调好物质激励和精神激励的关系，依据学生的实际采取相应的激励手段，确保管理效果。

2. 在管理中树立典型，通过榜样进行激励

榜样使人有目标，有方向。因此，要善于树立榜样，培养榜样，宣传榜样，并鼓励学生学习榜样、争做榜样、成为榜样。

3. 采取情感激发的方式

"情感，是人格发展的诱因，是青年追求美好生活的动力。"要确保管理目标的实现，一般都要有感情的催化。当管理者与学生平等对待、敞开心扉、相处愉快时，管理活动就比较容易开展；当双方针锋相对、互不理解时，学生往往产生抵触情绪，管理效果就会打折扣。因此，要求管理者不仅要以制度约束人，而且要以真情感染人，注重沟通，消除疑虑，用欣赏的眼光去看待学生，使每一个学生的需求得以尊重、疑惑得以解决、特长得以发挥。

（四）自主性原则

自主原则是指高校在实施管理活动时，要让学生主动参与到经营活动中，发挥其积极性、创造性、民主管理、自我管理、自我服务的作用。大学生管理遵循自主性原则，是由两方面决定的。首先有利于育人目标的实现。管理的目标是育人，这就要求将外在的行为规范转化为内在的思想观念，从而支配管理对象的行为。如果不调动学生的主观能动性，学生就难于接受管理，管理的实效性就难于发挥。其次，是能更好地适应学生的自我管理需要。在社会主义市场经济体系建设中，高等教育逐步走向经济社会发展的前台，市场经济的自主、平等、竞争、法治精神对高校师生的影响不断深化，大学生自主意识不断增强。大学生渴望在各项事务管理中充当主角，自己管理自己，充分发挥主观能动性，实现自我管理、自我服务。

大学生管理中坚持自主性原则要做到以下三点。

1. 唤醒学生的自主管理意识

在大学生管理过程中，要营造轻松、愉快、快乐的氛围，使学生的自主需求得到尊重；同时，要让学生体验到自我经营的成就感，并能从中受益。

2. 打造学生自主管理的平台

辅导员要抓好班委会、团支部、学生会等学生组织为载体的自主管理平台，增强凝聚力、吸引力，建立定期流动机制和激励机制，充分保证学生广泛地参与到自主管理中来。作为辅导员，要敢于充分"放权"，敢于把大学生管理工作交给学生，实现学生的自我管理、自我服务。

3. 加强对学生自主管理的指导

自主管理不等于放任自流，必须加强自主管理的指导，才能保证管理的方向和实效。怎样才能保证管理的方向和实效呢？有四方面的内涵，即明确方向，定准目标，告诉学生工作要达到的程度和要取得的效果；定好标准，明确思路，告诉学生怎样开展工作；做好监督，对学生任务执行情况进行跟踪观察，时刻关注工作进展情况；及时反馈，帮助学生及时调整方向，确保学生工作在正确的轨道上进行。

第三节　大学生管理的过程与方法

大学生管理是一个包括决策、计划、组织和控制等环节的动态的过程，在此过程中需要运用各种行之有效的管理方法。科学地认识和掌握高校学生的管理过程，并对其进行合理的理解与灵活应用，是有效实施大学生管理的重要保证。

一、大学生管理的过程

研究大学生管理过程，主要是要弄清大学生管理过程的含义和构成要素，把握大学生管理过程的特点和主要环节。

（一）大学生管理过程的含义

大学生管理过程，就是大学生管理工作者对影响和制约大学生发展和成长的各种因素及其相互关系及时做出相应调整，以实现整体目标。高校管理的本质在于把握高校管理环境、管理对象的变化和发展，并根据组织目标，适时调节管理活动，在动态的情况下做好管理工作。正确理解和把握高校的经营管理流程，对搞好高校学生的经营管理工作有着十分重要的作用。由于经营行为本身并不能直接地达到经营目标，它是一个循环往复、动态运作的过程，因此，经营目标的实现与实现。全面地了解高校学生的管理过程，可以使学生在一定程度上了解其管理的各个环节，从而更好地做好高校管理工作中的各个环节，同时也能全面地了解这些环节所构成的管理活动。

（二）大学生管理过程的特点

大学生管理过程既具有一般管理过程的特征，如目的性、有序性、可控性等等，又具有区别于其他管理过程的显著特点。与其他管理过程相比较，大学生管理过程主要有以下三方面的特点。

1. 大学生的管理过程是一个大学生管理工作者与大学生双向互动的能动过程

高校学生管理工作是一个复杂的社会问题。人类是社会的主体，人类的行为是人类社会的根本要素。因此，在管理的过程中既要发挥管理者的主导作用，也要发挥被管理者的主体作用，并努力达到两者的统一。管理过程是管理者和被管理者之间相互影响、相互作用的一种双向互动的能动过程。作为管理者应该能动地认识和塑造被管理者，而作为被管理者则应该在管理者的启发和引导下，进行自我管理，并达到自我教育，从而实现接受管理和自我管理过程的有机结合，使被管理者将管理者所传授的思想观念和行为规范纳入自身的思想品德结构中成为支配和控制自身思想和情感行为的内在力量，即"内化"，实现由"管"到"理"，由"他律"到"自律"的飞跃。

2. 大学生管理过程是有效利用学校的各种资源，为大学生成长成才提供指导和服务的过程

大学生管理过程有别于一般管理过程就在于它以培养大学生成才为根本目标，而要实现这一目标，就必须对学校的各种资源进行分析和管理，将人、财、物、时间、空间、信息等各种管理要素组织运转起来，以求有效利用这些资源，使之发挥最大的效益，为大学生的健康成长和成才提供行之有效的指导。

3. 大学生管理过程是与大学生教育过程紧密结合，保证教育目标顺利实现的过程

大学生管理工作者在对大学生实施管理的过程中应坚持管教结合，管中寓教，教中有管。当今的大学生不仅思想活跃，而且有很强的自主意识和自尊意识，这就对大学生管理工作者的管理水平提出了较高的要求。在管理的过程中，管理者必须寓情于理，寓意于行，不断提高管理工作的水平，力争使管理的过程成为被管理者受启发、受教育和实现内化的过程，并且促使被管理者把已经形成的思想观念和行为准则转化为自己外在的行为，养成相应的行为习惯，即实现由内化到"外化"，由"自律"到"自为"的飞跃。

（三）大学生管理过程的主要环节

大学生管理过程主要包括决策、计划、组织和控制四个环节。这四个环节是既相互区别，又相互联系的。

1. 大学生管理决策

大学生管理决策是指大学生管理工作者为了达到一定的目标，根据充分的资料，深入地分析相关情况，采用科学的方法，从两个以上的可行性方案中选择一个合理方案的分析判断过程，大学生管理决策过程包括研究现状，明确问题和目标，制定、比较和选择方案等阶段性的工作内容。

（1）研究现状。有问题有待解决才需要决策，也就是说，决策是为了解决一定的问题而制定的。因此，制定决策，首先要分析问题是否已经存在，是何种性质的问题，这种问题是否已经对社会、对学校、对大学生自身以及未来发展产生了不利影响。分析大学生学习、生活、各种能力的培养、实践活动以及未来就业、创业等等可能遇到的种种问题和面临的挑战，确定问题的性质，把问题作为决策的起点。当然，研究这些问题的主要人员应该是学校高层管理人员，这不仅是因为他们要对学校的发展负责、对学生的未来发展负责，而且由于他们在学校中所处的地位使他们能够通观全局，高屋建瓴，易于找出问题的关键所在。

（2）确立目标。在分析了大学生学习、生活、各种能力培养、实践活动以及未来就业和创业等等可能遇到的种种问题、面临的挑战或者说不协调之后，此外，我们还需要进一步探讨不同的问题所要采取的措施应该满足什么要求和取得什么样的结果，即，要确定政策制定的目的。这是由于制定决策的目的有如下的影响。一是要确保校内各项目标的统一性。二是为各类学校资源的调动与调配提供了基础。三是形成一种普遍的心态或氛围，例如，使学习和生活有序，形成积极投身社会实践的传统，培养一种开拓创新的良好氛围。四是协助符合学校宗旨的学生形成一个学习、实践和生命的中心，并以此来防止不符合学校目标的学生继续参加这类活动。五是将学校的总体目标与各阶段的目标分解为一个具体的分工结构，其中包含了在学校内部对各责任单位的工作。六是通过一种方法来明确和控制各种活动的成本、时间和效果，并将其转变为阶段性的目标。

（3）拟定决策方案。决策的关键在于选择，而要做出正确选择，就必须提供多种可供选择的方案。从实践来看，任何目标都可以通过多种不同的活动来实现，而不拟出几个实现它的抉择方案的情况是很少的。因为对于主管人员而言，如果看来只有一种行事方法，那么这种方法很可能就是错误的。在此情况下，主管人员可能就不再努力去考虑其他能够使决策做得更好的方法。

决策方案描述了学校为实现目标拟采取的各种对策的具体措施和主要步骤，因为目标的实现可以采取多种不同的活动，所以应该拟定出不同的行动方案。在拟定方案的过程中，第一，要确保有足够多的方案可供选择。为了使方案的选择有意义，不同方案必须相互区别而不能相互包容。假如某个方案的活动能够包含在另一个方案之中，那么这个方案就失去了存在的意义和价值。第二，形成初步方案。一般说来，任何一个方案的产生都应该建立在对环境的具体分析和发现问题的基础之上，然后，根据问题的具体性质以及解决问题所要达到的目标，提出各种改进设想，并对诸设想进行分析、整理和归类，进而形成各种不同的初步方案。第三，形成一系列可行方案。在对各种初步方案进行遴选、补充的基础上，对遴选出来的方案做进一步完善，并预期其实施结果，这样便会形成一系列不同的可行方案。

（4）比较与选择。要选择方案，首先要了解各种方案的优劣。为此，需要对不同方案加以评价和比较。这种评价和比较主要包括如下几方面。一是是否有执行计划的必要条件以及满足这些条件所需的费用；二是项目实施对学校和学生都有哪些好处（既有长远的好处，也有短期的好处）；三是项目执行过程中可能出现的问题，其导致活动失败的可能性有多大。根据上述评价和比较，便可以寻找出各种方案的差异，分析出各种方案的优劣。在此基础上进行的选择，不但要找出能带来全面效益的执行计划，还要为在情况改变时可能启动的后备计划做好准备。确定备用方案的目的是对可预测到的未来变化准备充分的必要措施和应急对策，避免在情况发生变化后因疲于应付而忙中添忙，乱中增乱，或束手无策而蒙受这样或那样的损失。

2. 大学生管理计划

大学生管理计划是一种协调过程，它给学生管理部门和学生管理工作者以及学生指明了方向。当相关的人都知道了组织的目的和他们需要做的事情之后，他们就会开始进行协调，共同努力，组成一个团体。如果没有规划，就会绕很多弯路，从而使实现目标的过程无效率而言。大学生管理计划还可以促使学生管理部门和学生管理工作者展望未来，预见变化，以及制订适当的对策，同时减少不确定性、重叠性和浪费性的活动。大学生管理计划还能通过设立目标和标准以便于进行控制。在规划时，需要设定目标，而在控制功能中，则是将实际业绩与目标进行对比，找出潜在的巨大偏差，并做出相应的修正。可以说，无计划，无所控。

（1）制订高校学生的管理方案。为计划的制订提供依据。计划是为决策的组织落实而制订的，了解决策者的选择，理解有关决策的特点和要求，分析决策制订的大环境和决策执行的条件要求，是制订行动计划的前提。由于计划安排的任务需要不同专业、不同年级的大学生利用一定的资源去完成，因此，计划的制订者还应该收集反映不同专业和不同年级学生的活动能力和关于资源供给的外部信息，以便为规划制订工作提供基础。

（2）大学生管理计划的执行。制订计划的目的在于执行计划，而计划的执行需依靠学生管理工作者和大学生的共同努力。因此，能否保质保量完成计划，在很大程度上取决于在计划执行过程中能否充分调动广大学生管理工作者和大学生的积极性。

（3）大学生管理计划的调整。计划在执行过程中，有时需要根据实际情况的变化进行调整。这不仅是因为计划活动所处的客观环境可能发生变化，而且可能因为人们对客观环境的主观认识有了这样那样的改变。为了使大学生的各种组织活动更加符合环境特点的要求，必须对计划进行适时的调整。而滚动计划就是为了保证计划在执行过程中能够根据情况变化适时修正和调整的一种现代计划方式。滚动计划的基本做法是，制订好学校在一个时期的行动计划后，在执行过程中根据学校内外条件的变化定期地加以修改，使计划不断延伸，滚动向前。滚动计划方法主要应用于长期计划的制订和调整。这是因为，一般来说，长期计划面对的环境比较复杂，采用滚动计划可以根据环境变化和学校内部活动的实际进展情况适时进行调整，以便于使学校始终有一个为各部门、各阶段活动导向的长期计划。当然，这种计划方式也可以应用于短期计划工作，如，年度和季度计划的制订和修订。

3. 大学生管理组织

大学生管理机构设置是否科学合理，组织工作是否有效，直接关系到大学生的成长和未来发展，关系着大学生管理目标的实现。要有效地实施大学生管理，一定要使大学生管理组织机构科学化、合理化，为此，就需要构建一套科学的大学生管理机构并使之有效发挥其职能。

（1）大学生管理机构及其职能。当目前，各高校的学生管理工作已形成了比较一致的组织结构形式，具体表现为：学校党委和学校行政—校党委副书记和副校长—学生工作处和团委—院系党总支副书记—年级辅导员—学生会。

1）团委。团委在大学生管理方面的主要职能是：在学校党委的领导下，全面负责大学生团组织的建设和管理；负责对学生会和学生社团的管理和指导；组织和指导学生的社会实践活动和志愿者活动等。

2）学生会。学生会具有比较完整的组织系统，包括校学生会、院（系）

学生会以及各班级的班委会。学生会的管理体系较为完善，各部门、各成员之间存在着相互协作、相互独立、相互依存的关系。要使大学生管理工作有效实施，必须完善、巩固和依靠学生会组织。对学生组织，学校上级管理部门除了给予必要的指导外，在财力上也要给予一定的支持。同时还应该给予他们一定的权力和地位，充分发挥他们的积极性和主观能动性。因为学生会组织的结构设置涉及广大学生的方方面面，代表的是广大学生的利益，所以如何使学生会组织真正起到学生与学校之间的桥梁作用，对有效实施大学生管理非常重要。

3）大学生自我管理委员会。目前，有一些高校开始尝试设置大学生自我管理委员会，它一般挂靠在校学生处或团委，下面设立生活保障部、宿舍管理部和风纪监察部等机构。生活保障部的主要任务是参与创建文明食堂的宣传和教育，其目的在于美化就餐环境，维护就餐秩序，对不文明行为进行纠正和制止，创建文明的生活环境。宿舍管理部主要是与学校宿舍管理办公室或物业管理部门共同对宿舍进行管理，以求为广大学生营造一个清洁、安静、舒适的学习和生活环境。风纪监察部的主要职责在于整治校园环境，可定时、定点或随时随地对学生中发生的违纪行为进行监察，同时还承担着维护食堂秩序、学校巡视以及检查学生上课迟到、早退等方面的工作。

（2）大学生管理工作者的职务设计。著名管理学家哈罗德·孔茨曾说："要让员工有效率地工作，就必须要有一个职位架构，而这个架构正是组织管理功能所要达到的。"为了提升大学生管理工作成效，各高校正在进行学生管理工作者的新的职务设计，力求实现学生管理工作者的"三化"——职业化、专业化和专家化。大学生管理工作是集理论性、知识性、实践性、时代性和时效性于一体的工作，它致力于大学生的成长和发展，应该成为一种专门的职业。学生管理工作者既应该是学生教育管理服务工作的多面手，又应该是学生就业指导、生活学习指导、成才指导、心理咨询、形势与政策教育等方面的专业人才，唯有如此才能满足学生管理工作的需要，提高管理成效。在实际工作中，不仅能应付日常事务，还要认真研究学生工作中出现的新问题，要像专家和学者那样，把学生管理工作当做一种事业去经营、去追求，掌握学生管理工作的规律和艺术，成为学生管理工作方面的专家学者。

（3）大学生管理队伍的人员配备。为了进一步提高高校学生管理的水平和成效，各高校应该根据教育部的要求和实际工作需要，科学合理地配备足够数量的学生管理工作队伍，在保证数量的基础上，专兼职相结合，不断优化结构。目前，各高校的学生管理工作基本上采取院系主要负责制，由院党委副书记、专职辅导员及兼职辅导员协同工作。此外，基于目前大学生就业形势的日益严峻，不少高校在大学生管理队伍中尝试配备职业指导人员，旨在为大学生成功就业提供指导和必要的帮助。

4. 大学生管理控制

大学生管理控制是对大学生管理的计划、组织等管理活动及其效果执行测量和修正，以保证组织的目标和制定的计划能够达到。大学生管理控制是大学生管理机构和每一位大学生管理工作者的重要职责，正确和因地制宜地运用控制手段和方法是使控制工作更加有效的重要保证。

著名的管理学家亨利·西斯克在他的《工业管理与组织》的著作中也提到，假如没有任何改变，并且在一位全面、平衡、绝对安全的领导的领导下，完美地完成了一项计划，那么就没有什么可管制的了。但是，实际的状况常常和理想的状况有很大的出入，计划总是赶不上变化，在执行计划的过程中总是或多或少地出现与计划不一致的现象，于是，控制便成为一种必须。控制是大学生管理过程一个不可分割的部分，是管理的一项工作内容。但是，控制不同于强制，正如日本社会学家横山宁夫在《社会学概论》一书中所指出，最有效且持久的控制并非强迫，它能引发个体内心的自发控制。

有效的管制条件：

（1）适时控制。古往今来，人们都非常注意对管理的控制，古人云："勿临渴而掘井，宜未雨而绸缪""凡事预则立，不预则废"，今人则强调："预防胜于救治"。因此，我们有理由说，最有效的控制不在于偏差或问题出现以后的处理和补救，而在于事先通过适时控制消除可能导致偏差或问题的各种可能性，从源头上防止偏差或问题的形成。这也就是说，纠正偏差和解决问题的最理想方法应该是在偏差或问题未产生之前，就注意到偏差和问题产生的可能性，预先采取必要的防范措施，防止偏差或问题的产生。落实到操作上，就是建立预警系统，形成应急机制。该机制的目的是通过建立预警系统，对可能发生偏差或问题的对象的信息进行分析和研究，及时发现和识别潜在的或现实的偏差或问题，进行客观评估，采取防范措施，防止和减少偏差和问题发生的可能。具体做法可以由各学校根据自己的实际情况，组建一支由班级、院系有关师生组成的突发事件预警队伍，该队伍的每位成员都要接受专门的培训，并且明确职责和分工，定期对本班、本系、本院的学生进行了解、评估和帮助，将有关的信息汇总到学校的突发事件干预机构，再由突发事件干预机构根据实际情况统一部署，采取相应的措施。与事后的亡羊补牢之举相比，事先的适时控制才是最重要的，与其偏差或问题发生之后进行补救，莫若事先适时管控。

（2）适当的管制。适度控制就是控制的范围，程度，频率，恰当的控制。那么，如何才能做到这一点呢？一般来说，要注意以下三方面的问题。一是既要避免控制过多又要防止控制不足。没有人喜欢被控制，事实上，控制多半会招致被控制者的不快，大学生亦是如此，但是不进行控制又是不现实的，因为失去控制往往会导致组织活动的混乱、低效甚至无效。那么，该如何对大学生的学习以及各种活动进行控制呢？行之有效的控制应该是既能满足对活动监督和检查的需要，又要防止与大学生产生激烈冲突。为此，要求大学生管理工作者必须做到：注意避免控制过多，控制过多不仅会招致年轻大学生的反感，而且会扼杀他们学习和参加各种活动的积极性、主动性和首创精神，影响他们才能的发挥和能力的提高。防止控制不足，如果缺乏有效的管理，不但会影响到企业的正常运作，还会导致各个层级的工作进度与比例的协调，从而导致资源的浪费。此外，控制不足还可能导致大学生无视学校的正当合理要求，自由散漫、我行我素，破坏学校的校风校纪。二是全面控制与重点控制相结合。学校管理机构和学生管理工作者不可能而且也没有必要不分轻重缓急、事无巨细对大学生的所有活动进行管理。适当的控制需要运用 ABC 分析、例外原理等方法，发现影响学生行为的关键环节和关键因素，并在相应的环节设置相应的预警机制或控制点，对其进行重点控制。三是控制的产出大于投入。一般来说进行控制是要有投入的，衡量工作成绩和活动成效，分析偏差或失误产生的原因，以及为了纠正偏差和补救失误而采取的措施，都需要一定的花费。与此同时，任何控制，由于纠正或补救了工作或活动中的偏差或失误，又会带来一定的成效。因此，一种控制，只有在其产出大于其投入的情况下，才会有价值。

二、大学生管理的方法

科学实施大学生管理，不仅要系统把握大学生管理的过程，同时也要学会有效地进行管理。高校学生的管理方式多种多样，各有其独特的功能和特征。全面地把握和运用好高校的管理方式，是提高大学生管理效率的关键。

（一）大学生管理方法的内涵

高校管理方法是高校管理活动中，为了实现管理目标，保证管理活动的顺利进行而采用的一种管理方法。管理方法是管理活动的重要手段，它来自管理实践，而又与管理理论的形成有着密切的关系。从某种意义上说，现代管理理论中一个又一个学派的出现，这一切都是管理方式的革新。

（二）大学生教育管理方法的类型及特点

教育是对受教育者进行德、智、体等方面的有计划的行为，它具有一定的目的和要求。论高校管理中的教学方法主要是指通过深入细致的思想政治教育，激发大学生的积极性和主动性，引导大学生的思想和行为，以实现大学生管理职能的管理方法。教育是管理的基本方法之一。这是因为，管理的中心是人，而人的行为总是受一定的思想支配和制约的，因此，在管理中就要注意做好人的思想工作，通过影响人们的思想去影响人们的行为，从而促进组织目标的实现。而大学生管理作为大学生教育和培养工作中的一个重要组成部分，更要注重运用教育的手段，以增强大学生管理的教育性。教育方法具有以下几方面的特点。

（1）启发性。教育方法重在通过通情达理的说服，启发大学生认同学校教育与管理的目标，在此基础上，将学生的个体目标与学校教育、管理目标相联系，使其自觉遵循大学生行为规范，积极主动地为实现学校的教育与管理目标而努力。

（2）示范性。大学生管理的目的在于促进大学生的全面发展，使其个性得到张扬和完善。在这个过程中，大学生管理工作者的言传身教、人格魅力对大学生起着十分重要的示范作用。

（3）潜在性。大学生思想教育是一个春风化雨、润物细无声的过程，是一个全身心投入、彼此产生共鸣的过程，因此具有潜在性的特点。

（4）长效性。运用教育方法，可以帮助和引导大学生树立正确的世界观、人生观和价值观，从而对他们的行为起到持久的引导、激励和规范作用。

（三）大学生管理的主要方法

大学生管理方法一方面要接受管理理论的指导，另一方面又以自身的发展促进管理理论的深化和发展。因为大学生的活动及其形式总是千变万化的，现实的条件也不可能总一成不变，因此实际的管理不可能照搬照套固定模式，这一点就像著名管理咨询家汤姆·彼得斯所说："管理根本不存在一般模式，即使有也不是成功的标志……"由此可见，采用任何管理方法都要有一定的灵活性，要具体问题具体分析，过分执着于信条往往事与愿违。

1. 目标管理的方法

目标管理是彼得·德鲁克于 1954 年提出的，它要求组织内的每一个人、每一个部门全力配合实现组织的目标，对于分内的工作自行设定目标，决定方针，编订制度，以最有效能的方法达成目标，并经由检查、绩效考核、评估目标达成状况及尚需改善之处，作为后续目标设定的参考依据。

（1）目标管理的程序。

1）目标的制度。在设定每个部门和每个成员的目标时，大学生管理部门和学生管理工作者要向学生提出自己的方针和目标，学生也要根据学生管理部门和学生管理工作者的方针和目标制定自己的目标方案，在此基础上进行协调，最后由学生管理部门和学生管理工作者综合考虑后做出决定。具体来说，设定目标就是要做到每个院系、每个班级在不同的阶段都要设定不同的目标，如学习目标、实践能力目标、纪律目标、卫生目标以及道德修养和人生理想目标，并以此作为努力的方向。同时，还要注意目标的设定一定要明确清晰、能够量化。要求要适度，既要具有挑战性，又是通过努力可以达成的。最后还要为目标的实现确定一定的时程，即目标实现要有一定的时间限定，不能无休止。

2）执行目标。各层次、各院系的大学生为了达成分目标，必须从事一定的活动，同时在活动中必须利用一定的资源。要保障其有条件地进行目标活动，就需要给予其适当的权利，以便于其有效地调动和使用所需的资源。有了目标，大学生就会清楚地知道自己要做什么，有了权利，他们就会有一种强烈的责任感，能够运用自己的判断力和创造力，使目标执行活动有效地进行。

3）评估的成果。结果评估是实施奖励与惩罚的基础，是一种交流与交流的机会，也是一种自我约束、自我激励的方式。结果评估包含学生管理机构和学生管理工作者对学生的评价，学生对学生管理部门机构和对学生管理人员的评估，对同级别的相关部门的互相询问进行评估，对各个层面的自我评估。这种上下级之间的互相评估，既能促进信息交流，又能有效地控制组织的活动。同时，各部门之间的横向评估，也有助于各部门的工作协调。不同水平的中学生自我评估对提高自我激励、自我控制和自我提高都是有益的。

4）实行奖惩。学生管理部门和学生管理工作者对不同成员的奖惩，基于以上各项评估的综合结果。奖励和惩罚可能是肉体上的，也可能是心灵上的。公平合理的奖惩有利于维持和调动大学生饱满的工作热情和积极性，奖惩有失公正，则会影响大学生行为的改善。

5）确定新目标。开始新的目标的管理循环。成果评价与成员行为奖赏，既是对某一阶段组织活动效果以及成员贡献的总结，同时也为下一阶段的工作提供了参考和借鉴。

（2）实施目标管理应遵循的原则。

1）授权原则。即在大学生实施目标的过程中，学生工作管理者要能够给予学生适度授权。

2）协助原则。即学生工作管理者要给学生提供有关资讯及协助，并且要帮助他们排除实际执行中的一些困难，解决一些问题。

3）训练原则。作为高校学生工作管理者，一方面要进行自我训练，以不断提高自己目标管理的水平，另一方面还要训练学生，帮助他们掌握相关的方法。

4）控制原则。目标的实现是有期限的，为了确保目标的顺利实现，学生管理部门和学生工作管理者在每一阶段中都要对学生的活动加以监督、检查，对出现的问题及时进行协助矫正。

5）成果评价原则。成果评价原则由一系列原则构成，这些原则包括公开、公平、公正和成果共享原则。坚持公开原则就是要求公开评估，如学生进行自我评估，学生管理工作者进行客观评估。坚持公正和公平原则就是本着对事不对人的原则对目标达成情况进行客观比较。坚持成果共享原则要求充分肯定学生的成绩，将成绩归于学生。

2. 民主管理的方法

当前的大学生管理工作中，实施民主管理势在必行。对民主的追求是人的一种高层次追求。民主与人的素质有关,大学生作为文化素质比较高的人群对民主会有更高更切实的要求。对大学生实施民主管理,不仅有助于大学生学习、生活和社会实践活动的有效进行,也有利于大学生实现自身的全面发展。实施民主管理,应着力做到以下几点。

(1)尊重学生的主体性。对大学生进行民主管理,就是要求在对大学生的管理中重视人的因素,也就是重视大学生的主体性,把大学生视为具有独立人格的个体。目前,有些学生工作管理者忽视学生的主体地位和平等独立的人格,如,部分规章制度都是在学生不知情的情况下制定出来并要求学生遵守的,学生在这一过程中完全处于被动的位置。再如,为了执行上级任务,忽视学生主体意愿,单方面强制性开展活动。要实施民主管理,大学生管理工作者必须改变态度,充分尊重大学生的主体地位,将其视为实现教育目标的主体,实现学校特别是大学生管理工作者与学生之间的互动,倾听他们的心声,反映他们的要求。对大学生的重视和尊重,会激发大学生对学校和学生工作管理者的信任和合作态度,进而支持其工作,如此就会达成学校和大学生管理工作者与大学生之间的相互信任、相互支持,从而取得良好的管理效果。

(2)正确认识学生的价值。高校管理以大学生为主体,其管理的目标是促进其身心发展,并使其人格得以彰显。大学生管理中,应该充分发扬民主,把大学生既看做是高校学生管理工作的对象,又看做是管理的主体。目前,有些高校的学生工作管理者在进行管理和教育的过程中,缺乏民主,忽视人的自觉性,重制度,轻教育,工作简单粗暴,奉行惩办主义,脱离育人的宗旨,导致师生关系紧张,这种管理方法必须摒弃,应转而采取民主的方法。着力培养大学生的主体意识,引导大学生自我管理、自我教育、自我服务、自主发展等,促使其主体能力最大限度地发挥,为日后走向社会、走向工作岗位打下坚实基础。

(3)建立学生参与管理的新型管理模式。从大学生的心理特征来看,他们正处于心理自我发现期,这一时期产生了认识和支配自我、支配环境的强烈意识,他们的思想和行为表现明显区别于中学生的相对独立的倾向,希望自己的意志和人格受到外界更多的尊重。他们对学校制定的规章制度、行为纪律会思考其合理性,不想被动地处于服从和遵守的地位,而是要求参与管理。根据大学生的这一心理特点,大学生管理应该打破传统的专制管理模式,激励大学生在管理中的主动精神和主人翁态度，鼓励大学生对学校的各项工作进行策略思考，营造一个良好的民主管理环境，让学生真正参与到学校的工作中，充分发挥学生的主体性。

3. 刚性管理的方法

刚性管理，是指以规章制度为核心，凭借制度约束、纪律监督、奖惩规则等手段对组织成员进行管理。刚性管理是一种强调严格控制、高度集中、以规则为中心的管理。规章制度往往是以规定、条文、标准、纪律、指标等形式体现，强调外在的监督与控制，具有很强的导向性、控制性，其约束力是明确的。俗话说：没有规矩，不成方圆。任何一个组织机构，它的正常运行和发挥效益都离不开严格的制度和规范。刚性管理是保证一个组织健康、正常运转所必要的管理机制的一个有机组成部分，它是以"合于法"为基本思路的管理方式和手段。

大学生正处于成长的关键时期，极易受外界环境的影响，惰性的增长较为容易，判断能力和自我控制能力也相对较弱。在个人发展中，有一种强烈的自相矛盾的倾向。比如，虽然自我意识很强，但是缺乏自我监督、约束和调控的能力。有自我设计、自我奋斗、自我选择、自我发展的愿望。在如此情形下，刚性管理不仅是必要的，而且也是行之有效的。刚性管理的出发点并不是为了惩罚学生，而是在"法理"的前提下，达到正确规范学生，约束学生的行为，进而维护学校秩序，提高教育教学质量，提升学生的学习和活动效率，促进学生成长的目的。学生管理的日常工作，有相当一部分是可预见的，有规律可循的。建立规范化的日常工作制度，既可以为学生工作在执行、管理方面提供制度上的保障，也便于监督，同时还能够提高工作效率，降低工作成本，减少违纪现象。

第四节 大学生管理的发展与创新

高校的发展与高校的教育相适应。本章通过对高校学生管理工作的回顾，对其进行了初步的总结。注重把握当代大学生管理新情况和新趋势，并进一步探讨了不断创新大学生管理的实现路径。

一、大学生管理的发展

准确把握大学生管理的发展脉络，离不开对大学生管理的历史考察。在了解大学生管理发展历程的基础上，进行历史经验的总结，有助于我们进一步深入认识和分析当代大学生管理的新发展。

（一）大学生管理的历史考察

大学生管理的历史沿革

高校的发展与高校的教育相适应。中国共产党自成立以来，一直在不断地探索中国教育的新路。经历了从新民主主义革命时期党领导下的革命根据地教育到新中国成立，开始建立具有中国特色社会主义教育的探索历程。在此期间，党领导下的高等教育从无到有，不断发展，取得了丰硕成果。相应地，对学生的教育和管理也不断地发展和成熟起来。

（1）革命根据地时期的大学生管理。根据地时期高等教育的主要形式是培养高级和中级干部的学校。这一时期的学生管理对象主要是在职干部和投身于革命的青年，目的是培养有坚强战斗力和领导能力的革命力量。在高级干部学校和中层干部学校中，较有影响的学校有马克思主义大学、红军大学、中国人民抗日军事政治大学、华北联合大学等。其中，中国人民抗日军事政治大学（以下简称"抗大"）是干部学校教育和管理的典型。"抗大"通过多种途径对学生进行政治思想教育和管理工作，深入工农群众，向工农学习，向实践学习，严格组织纪律要求，完善管理规章制度。这一时期的高等教育形成和积累了教育和管理为政治服务、与生产劳动紧密结合、走群众路线等一系列的教育管理体系和经验，为新中国高校学生管理打下了坚实的理论和实践基础。

（2）新中国成立初期的大学生管理。新中国成立初期的教育，承担着接管旧教育、建设新教育的全新任务。与这一时期的总任务相适应，高校初步建立了学生管理工作机制。这一阶段的高校学生管理对象由新中国成立前的主要以干部和革命青年为主向工农劳动人民转变，管理的对象从年龄、层次和文化水平上都有很大的变化。管理的任务和目标同时也随着新高等教育的建立和完善，面向国家建设的高素质人才。在这个阶段的学生管理工作主要体现在以下几方面。一是接管和改造旧学校，掌握学校的领导权。在高校建立党的各级组织和青年团组织，管理和引导各类学生组织，各高校形成党委统一领导的学生教育管理体系；二是以苏联教育思想为指导，请苏联专家参与校务和学生管理，借鉴苏联学生管理模式，对学生进行管理；三是加强制度建设，完善学生管理各项规章制度，探索适合国情的学生管理模式；四是组织 1951 年开始的"三反""五反"等学习运动，以及 1960 年贯彻"八字"方针，即"调整、巩固、充实、提高"的要求，不断改进和加强学生管理工作。1949—1966 年新中国成立初期 17 年的教育和管理历程，为探索建设中国特色社会主义教育积累了许多丰富的理论和实践经验，比如，学生管理要坚持党的领导，要坚持社会主义的方向，要把知识和农民联系起来，把脑力和体力活动联系起来。以教学为主，在管理中有机地促进教学、生产和科研的三结合，师生参加生产劳动和社会活动必须有所限制，进行相应的配套管理。管理要根据学生的实际特点，做好不同年龄、层次和水平的学生管理工作。党团组织要善于团结群众，建立同志式的良好师生关系等。

（二）大学生管理的历史经验

大学生管理的实践，特别是改革开放以来的探索，为大学生管理积累了基本经验，概括地说，主要包括以下几方面。

1. 遵循国家教育方针，确保大学生管理的正确方向

国家的教育政策，是在特定的历史阶段，为实现这一阶段的基本路线和任务而制定的总体方针。国家教育方针规定着我国教育的总方向和培养目标，它是一个全面贯彻党的领导、服务于社会主义、服务于人民、把教育和生产劳动有机结合、德智、体、美全面发展的社会主义合格的建设者和可靠的接班人的具体要求。高校一切工作都要紧紧围绕国家教育方针来进行。大学生管理作为一种高校工作管理手段，是为国家的教育方针服务的，它是为了培养德智、体、美全面发展的社会主义建设者和接班人。实践证明，大学生管理一旦脱离了国家教育方针，就会迷失方向，就会偏离轨道，就会造成管理工作的混乱和校园失序。大学生管理工作，必须紧紧围绕我国教育的总方向和培养目标，全面贯

彻国家教育方针，为培养社会主义建设者和接班人服务。

2. 发挥育人功能，依据教育规律，科学管理

管理是一门科学。大学生管理作为管理科学的一个分支，应遵循管理的一般规律，充分发挥其育人功能，科学、有效地进行管理。与一般管理工作不同，大学生管理的对象是大学生群体，有其特定的指向性。改革开放以来，我国经济快速发展，社会结构发生深刻变化，利益关系和利益格局重新调整，这给人们的思想观念带来一定冲击。在新的时代背景下，大学生们总体上树立了自强意识、创新意识、成才意识、创业意识，但与此同时，部分高校学生的政治信仰、理想信念、价值取向扭曲、诚信意识淡薄、思想观念模糊。社会责任感缺乏、艰苦奋斗精神淡化等问题。因此，在大学生管理工作中，必须注意把握时代特征，根据大学生的具体特点，依据教育规律，探索大学生管理工作的科学方法，加强大学生管理工作的科学性，实现科学管理、有效管理，通过对大学生进行管理，使其形成正确的世界观、人生观、价值观，大让学生管理工作既符合大学生的实际状况，又符合国家的人才培养要求。

3. 完善学生管理制度，提高管理水平，依法管理

依法建章，规范管理是现代学生管理所必须遵循的原则，是贯彻依法治国，人才强国战略的必然要求。随着高校办学规模的不断扩大，办学层次的不断提高，高等教育从精英化教育阶段步入大众化教育阶段，学校管理作为一种公共权力，其如何行使，怎么行使，日益受到社会各界的广泛关注。同时，随着大学生群体法律意识的增强，学生维权活动增多，客观上要求在大学生管理工作中，必须依法管理，不断深化管理制度改革，健全管理制度，细化管理流程，在涉及学生切身利益的管理活动中切实保障学生的合法权益。这就要求高校在高校管理工作中，要根据自身的办学层次、特色和类型，不断地创新各种符合自身特点的办学管理体制，使之科学化、规范化。在完善学生管理制度的基础上，不断提高管理水平，增强管理能力，做到依法管理。

4. 坚持教育与管理相结合，形成齐抓共管的长效机制

大学生管理工作涉及大学生在校期间学习和生活的方方面面。从对大学生

的学籍管理、课外活动管理到对大学生群体组织管理、安全管理，高校教学、科研以及行政管理各个部门和各个机构都相应地承担着管理学生的责任。因此，大学生管理必须坚持教育与管理相结合，发挥高校各个部门和机构间的合力，实现教学和管理部门间的密切合作，改变以往那种认为大学生管理只是学生工作部门的事，只有各院、系的辅导员和班主任才负有管理大学生的责任等错误认识，形成齐抓共管的长效机制。这就客观地要求各部门间权责明确，分工有序。只有在明确权利和责任的前提下，才能做到全校工作一盘棋，形成齐抓共管的工作局面。坚持教育与管理相结合，形成齐抓共管的长效机制，还必须依靠体制和队伍方面的建设，如有些高校建立了定期的学校各部门联席会议制度或学生工作领导小组等，都很好地保障了各职能部门间协调有效的运转和功能的充分发挥，增强了大学生管理工作的针对性和实效性。

5. 充分利用现代科学技术手段，不断创新管理方式、方法

随着时代的发展，科学技术的不断进步，大学生管理的对象和工作条件也在不断地发生变化，这就要求大学生管理不断创新管理方式方法，以适应不同时期的新情况和新要求。因此，充分利用现代科学技术手段，如信息技术、计算机网络技术、测量技术、咨询技术、评估技术等技术条件，成为不断创新大学生管理方式方法的必然选择。这就要求在大学生管理工作中，一方面要充分利用先进的管理技术，积极推进办公网络化、自动化建设，在管理过程中重视对网络技术和相关信息技术的应用，将各种现代技术引入并渗透到大学生管理中去；另一方面，要在充分利用现代科学技术手段的基础上，不断开发针对大学生管理实际的应用技术管理平台，建立诸如大学生信息管理系统、大学生管理网络互动系统、大学生综合管理办公系统等现代化的办公及服务体系，以科学技术的创新不断推动管理方式方法的创新。

（三）当代大学生管理的新情况

1. 管理环境的新变化

（1）国际国内环境的变化决定了大学生管理环境的时代性。第一，经济、政治、文化、教育等各方面的交流和合作日益加强，高等教育国际化进程加速。

在这一过程中，将不可避免地受到西方敌对势力"西化""分化"的影响，大学生成为主要影响对象，面临着西方文化思潮和价值观念的冲击。与此同时，高校学生管理工作既要考虑吸收国际先进管理经验，又要保持中国大学生管理的特色。第二，改革开放以来，我国社会发生了深刻的变革。大学生既是改革开放成果的最大受益者，同时也受到了改革开放诸多矛盾的影响和冲击。在高等教育从"精英教育"向"大众化教育"转变过程中，越来越多的不同年龄阶段、不同学历层次、不同社会阅历、不同价值追求的人都有机会进入高校进修、学习，高校学生管理对象呈现出多样化的特点，大学生管理势必相应发生新的变化。第三，随着高等教育法制化进程的不断深入，法治观念逐步得到普及，大学生的维权意识也在不断提高，他们从单纯的服从学校的管理中得到了更多的权利和自由，他们的权利要求也越来越高。这就要求新时期的高校学生管理工作要做到"从严管理"与"以人为本"的有机结合。在此背景下，大学生管理体制革新步伐必须跟上社会进步和形势的发展变化，进一步拓展学生管理工作内容，管理方法和手段必须体现出时代特征。

（2）高校办学模式的变化增加了大学生管理环境的复杂性。一方面，随着高等教育规模不断扩大和高校后勤社会化的推进，部分高校由单一校区办学变成了多校区办学，校园由封闭式变成了开放式，部分地区甚至形成了大学城，大学生出现了生活社区化和成长环境社会化的新问题。大学生的学习、生活、社交、实践、娱乐等活动都呈现出走出校园、走进社区和走向社会的新趋势。这就导致了高校学生管理从传统的"建规型"管理转向了"流动型"的团体管理。这使得大学生管理的难度有所增加。另一方面，随着高校学分制和弹性学制的实施推广与不断规范，学年制统一的教学管理模式逐渐被打破，学生的班级意识逐渐淡薄，专业、课堂、修业年限由学生自主选择，形成以课程为纽带的多元化听课群体，让不同专业、不同学校的同学共同参与。学生管理的对象不仅限于本专业，而且还涉及其他专业或其他院校的学生，管理的对象也越来越复杂。同时，以统一的教学计划为依据，以学习成绩为主要指标的学生评价体系失去了可操作性，以年级和班级作为学生评价基本单位的难度增大，这可能会导致原有学生激励机制失效。现行的以班级和党团组织为建制的大学生群体管理体制已不能适应这一新的变化，基层管理组织的作用受到削弱。

（3）学生就业、资助、心理等现实需求的强化，凸显了大学生管理环境变化的现实性。从就业管理来看，随着就业高峰的来临，就业难问题成为社会关注的焦点，也成为每个大学生最关心的现实问题。面对日益严峻的就业形势，大学生对于国家的就业政策和就业市场规律明显不适应，学生的就业心态、诚信观念也不同程度地出现了偏差，学生对学校提供的就业市场、咨询指导、职业生涯规划、就业服务等有较高的诉求，但这种诉求不是当前所有高校就业管理能够满足的。这就使得高校学生就业管理工作需要根据学生的现实需求，不断进行调整与深化，切实为学生成功就业铺平道路。从资助管理来看，伴随我国经济的快速增长，人民的生活水平虽然有了较大提高，但目前在校大学生中经济困难学生的比例仍然较高，高校承载着不让任何一名学生因经济困难而辍学的任务。传统的资助管理只是对学生进行经济援助，使得部分经济困难学生出现了情感负担重、上进心缺失等问题。因此，新时期的学生资助管理工作不仅要满足学生物质需求，也要满足他们的精神需求。这使得学生资助管理工作的内容大大扩充，工作难度也不断增加。在大学生的心理健康发展中，有一部分大学生存在着不同程度的心理问题，这些问题对他们的健康成长和学习生活产生了很大的影响，适当的心理交流越来越受到大学生们的认可。但由于社会环境的影响和大学生成长环境的差异，学生心理特点和心理问题也体现出较强的时代特征，新的心理问题不断出现，且发展性心理问题居多，这就要求在学生管理过程中，要时刻注意学生的思想、行为，并针对其特点，采取行之有效的措施。值得注意的是，目前不仅存在经济困难学生、就业困难学生和心理困难学生等单一类别，还不同程度地存在经济、就业、心理三方面困难复合而成"复困生"，这也使学生管理面临更多的矛盾，大大增加了学生管理工作的难度。

（4）互联网的发展增加了大学生管理环境的挑战性。随着信息技术的进步，特别是互联网的发展，社会生产生活方式发生了相应的变化。一方面，网络已经成为大学生获取信息的主要来源，大学生既是网络信息的生产者，也是网络信息的消费者，海量信息对促进大学生更新知识、开拓视野有着较大的促进作用，有效地激发了他们的学习兴趣、创新意识、竞争意识，新的文化自觉与精神的形成。另一方面，网络对大学生的管理工作也产生了消极的影响。网络信息的开放性、快捷性、丰富性等特点，使得知识的权威性受到质疑。网络的虚拟性、隐蔽性使网络成为有害信息的滋生地和传播地。一些大学生出现了沉溺于网上虚拟世界不能自拔，难以明辨信息而上当受骗，甚至出现了网络犯罪等情况。对学生管理而言，网络是一把"双刃剑"，给学生管理工作带来了新的挑战，需要学生管理工作者具有网络化思维，在网络环境中加强学生的正向管理，最大限度地消除网络对学生的负面影响。

2. 管理对象的新特点

（1）在横向上，由于理想追求、知识水平、生活背景和努力程度的差异，不同的学生群体表现出显著的差异。在党员中，他们是当代青年大学生中优秀分子，代表着青年的发展方向，是大学生的标兵，是党与大学生联系最紧密的桥梁和纽带。他们理想信念坚定、政治意识强、政治认同积极，价值观、人生观积极向上；热爱祖国、热爱人民，关注国家大事，崇尚良好社会公德；富有正义感、集体荣誉感和团队精神，自主管理能力与帮扶助人意识强。但部分学生党员也表现出党性修养不足、功利性明显等特点。从学习优秀学生群体来看，他们学习目标明确，有强烈的求知欲和探索精神；敢于坚持真理，敢于开展批评；珍惜时间，讲求效率；具有良好的学习习惯，能自觉地遵守学校纪律和公共秩序。但也有部分学习优秀的学生表现出了高高在上、脱离群体、参与集体活动少、集体荣誉感弱等特点。从后进生群体看，部分学生理想信念模糊，社会责任意识缺乏；价值观念扭曲，依赖心理严重；秩序意识淡薄，处事随心所欲。从经济困难学生群体看，表现出了多样化的特点。他们一般具有较强的上进心和艰苦奋斗的精神，自强不息，富有爱心，乐于助人。但部分学生过于敏感、精神负担较重，容易发生不同程度的心理问题。

（2）从纵向上看，不同年级的大学生呈现出不同的特点。以本科生为例，从大一年级学生看，他们具有不同程度的考上大学后的自豪感和优越感，对未来大学生活充满期待，自尊心强但心理承受能力较弱，参加集体活动热情较高，期望尽快转变角色适应大学生活。部分学生也表现出对大学生活不适应，学习目标丧失、人际关系处理不当、理财与生活经验缺乏等特点。从大二年级学生看，他们学习目标逐渐明确，人生理想更加现实化和社会化，主动意识增强，学习意愿强烈，对自我的定位趋于理性。但也有部分学生开始受到情绪、人际交往、学习、生活、恋爱等的影响出现不同程度的心理问题。从大三年级看，他们人生目标更加现实，学生群体开始逐步分化为保研、考研、就业、出国等群体，且体现出不同特征。准备保研的学生学习更加努力、更加注意收集保研相关信息；准备考研的学生则呈现出"三点一线"式的规律性学习，参与集体活动意愿明显降低；准备就业的学生开始积极准备就业的"敲门砖"，考取各种证书成为热潮，学生开始密切关注学校和本专业就业情况。从大四年级看，上半学期所有学生都处于紧张状态，准备保研的学生四处奔波，准备考研和就业的学生压力增大，他们都会不同程度地表现出焦虑、急躁等特征。下半学期，除尚未找到工作的学生外，其他学生的学习、生活开始呈现出散漫的状态，学生自由时间增加，社会兼职增多。毕业前夕更是表现出聚会多、安全隐患多等特点，毕业生离校教育管理的工作量大大增加。

3. 管理任务的新要求

（1）坚持"育人为本、德育为先"，切实解决大学生的实际问题，这是高校学生工作的基本需求。大学生是国家的栋梁之材，是国家之栋梁。"培养谁？如何培养人？"成为高校教育管理的一项重大课题。高校必须紧紧抓住育人这个中心任务，坚持"高校教育，育人为本；德智体美，德育为先"的原则，从教书育人、服务育人和管理育人入手，坚持理论联系实际，贴近实际、贴近生活、贴近学生，切实为学生解决实际问题。

（2）整体化的运行、专业化发展、个性化服务、信息化促进、法制化保障是当前高校学生管理任务的现实要求。第一，传统的学生管理已经不能适应新的时代、复杂性、现实性和挑战性的新的管理环境。这就要求传统的学生管理应向教育、管理、咨询和服务拓展，应将大学生管理的基本任务确立为大学生的群体组织管理、行为管理、安全管理、资助管理、就业管理以及管理的评估。大学生各管理部门应统筹规划、形成合力，实现学生管理工作的一体化运行。第二，要充分利用现代网络技术，建立起信息化、网络化的学生管理系统，切实提高工作效率，更好地为学生服务。第三，近年来，司法部门介入学校教育管理，法院受理大学生状告学校案件的现象已屡见不鲜，法制化已成为新形势下大学生管理的迫切需求。这就要求学生管理要严格遵守国家的法律法规，有法律有规定必须按法律规定办，没有规定的，也必须符合法律的基本原则。高校在制定各项学生管理制度时，应该认真研究国家和地方相关法律条文，注意听取学生意见，防止出现制度本身与法律法规相违背的尴尬问题，增强规章制度的科学性。只有这样，才能有助于增强学生管理的权威性，才能有助于保障学校的正常秩序。

二、大学生管理的创新

大学生管理在其发展的每一个历史时期和发展阶段都需要创造性地发展。当前，加强高校管理工作，要正确把握当前高校管理发展的新动向，更新观念，进而不断创新大学生管理的实现路径。

（一）大学生管理创新概述

大学生管理创新是一个系统工程，既要考虑中国的基本国情，又要结合高校自身实际，它不仅要顺应时代发展，而且要与时俱进，而且要对整个高等教育的整个进程进行全面的思考。

（二）大学生管理创新的路径

新时期大学生管理创新要通过引导学生实现自我管理、探索网络信息化管理以及加强管理队伍建设三条路径来实现。

1. 以学生为本，引导学生实现自我管理，推进大学生管理创新

没有管理的教育和没有教育的管理都是软弱无力的。教育离不开管理，管理是为了教育。这就是以人为本的大学管理工作的全新辩证法。正是因为大学生管理工作与人才培养的这种特殊关系，使得大学生管理创新的路径有别于一般管理工作。客观上，需要以全新的经营思想来指导。概念是一种思想，它反映了事物深层的本质和法则。教育思想是一种具有理想性、持续性、统合性、范式性的具有深刻意义的教育基本问题的思想。新时期的大学生管理理念要契合科学发展观的价值尺度，坚持以人为中心的经营理念。"以人为本"的本质在于：尊重学生发展的特征与规律，尊重其个性，营造良好的德育氛围，构建和谐的师生关系，培养全面、个性突出的创新型人才；要做到这一点，必须正确地运用学生的主体性，尊重他们的学习需要，真正做到对教育本身的意义，对每个人进行不同的教育，才能最大限度地激发他们的潜能，从而形成一种积

极的内在动力。开展大学生管理工作不是管理人、约束人、控制人，而是创造条件培养人，通过有效的培养发展人。通过这种方法，学生自身即是管理者，也是被管理者，通过这种转变，学生的自我管理能力得到极大的提升，尤其是加强了学生自我约束能力，使他们在学习的过程中得到了锻炼，"学到了知识"，也学到了做人的道理，从而提高了他们的主体性和使命感。

2. 运用网络实行信息化管理，推进大学生管理创新

在创新管理方式、方法和手段的过程中，要注重运用网络实行信息化管理，充分利用现代科学技术手段，针对不同时期大学生管理发展新情况和新趋势，开发管理平台，整合管理资源，实现网络化、数字化管理。利用互联网进行信息管理，能够使管理方式变封闭式管理为开放式管理，进一步加强了管理与思想政治教育的融合，与学分制等学校管理制度的配合，与社会管理的结合。同时，通过网络实现信息化管理，也是促使大学生管理变单一管理为综合管理，把管理与服务紧密结合起来，以服务促管理的有效途径。在管理方法创新方面，要充分发挥网络虚拟互动平台作用，实现师生有效互动，把说教变成参与，把灌输变成交流，把命令变成指导，让学生积极参与，形成一种崭新的工作环境。同时，在管理手段创新方面，当前最为重要的是通过网络信息化促进实行法制化的规范管理，建立合理的程序机制。

3. 加强管理队伍建设，推进大学生管理创新

毛泽东曾经深刻地指出："政治路线确定之后，干部就是决定的因素。"加强学生管理人员队伍建设是确保管理工作顺利开展的重要保障。随着新时期社会形势的变化，高校学生工作也发生了许多变化。学生工作的一些职能转化了，一些职能弱化了，一些职能需要强化了。学生工作由过去重管理向现在重教育、咨询、服务转化。心理健康教育、经济困难学生资助、助学贷款、就业指导等学生工作职能必须得到强化才能适应形势需要。同时，大学生群体的思想问题和实际问题也更加复杂化、多样化，这就需要管理工作队伍凭借智慧、知识和技能形成"专家化"的本领。因此，从大学生管理工作的发展趋势来看，高校学生管理工作队伍必须走专业化道路。就当前大学生管理工作队伍而言，虽然在政治素养、敬业精神、个人品德上是合格过硬的，但在驾驭、解决实际问题

的能力和本领上还与现实要求有较大差距，在不同程度上存在着"本领恐慌"。一些管理工作者带着固有的陈旧观念和思维定势面对学生，不了解、也不理解当代学生与以往迥然有别的内心世界和真实想法，甚至在语境上都难以与学生沟通，形成了代沟和隔膜。一些管理工作者虽充满热情，但缺乏相关的基本训练和专业知识，甚至在信息的获取和熟悉上还不及学生，难以对学生产生真正有效的指导。显而易见，"本领恐慌"状态下与学生产生的隔膜，解决不了学生面对的实际困难，也解决不了学生的思想问题。因此，需要有专职从事学生管理工作的人，通过专业方式担当起新时期学生管理工作的重任，以工作的专业化带动队伍的专家化。要超常规选拔人才，高起点聚合精英，不拘一格，广纳贤才，培育一支数量足、素质高、业务精、能力强的专业化学生管理工作队伍。

第二章　高校教育管理信息化的基本现状及难点热点探析

第一节　我国高校大数据教育管理的信息化背景

经过十多年的发展，我国的教育信息化建设经历了"985工程""211工程""校校通""21世纪教育振兴计划"等一系列重要项目的实施，极大地促进了我国教育信息化的进程，加快了教育改革的步伐。《国家中长期教育改革和发展规划纲要》颁布后，我国的教育信息化工作取得了明显的成绩。我国的教育信息化经历了"整合—融合—深入"的发展历程，现已进入"融合创新"的新阶段。

一、教育信息化战略地位得以确立

在我国教育信息化进程中，最具影响力的几件大事是：《国家中长期教育改革与发展规划纲要》于2010年颁布。2012年，《教育信息化十年发展规划（2011—2020年）》发布，其中提出了中国教育信息化十年行动计划，以建设优质的数字资源为核心，将各级教育管理信息系统与基础数据库连接起来，实现系统互联与数据互通，建设纵向贯通、横向关联的教育管理信息化体系；2012年召开全国首次教育信息化电视电话会议，并公布了"三个通道、两个平台"；2013年，开展了教师信息化建设项目；2014年，实行"一师一优课，一课一名师"；2015年，召开了教育信息化国际会议，召开了第二次全国教育信息化视频会议；"十三五"教育信息化计划中，提出了"校园CIO"，实现了对教育、教学的全面支持。一系列的规划与实施表明，我国已建立起了教育信息化战略地位。

二、学校网络教学环境建设明显改善

一是实施"全面数字化教学资源"工程，取得了重大突破。全国六万多个教学点，在数字教学设备建设、数字资源传输、数字资源教学等方面都有了突破。二是迅速推行"宽带网校校通"。目前，各级各类学校已基本达到了网络覆盖的目标，超过50%的教学点安装和使用了宽带。到2016年9月，京沪苏浙等地率先实现了100%的互联网接入，各区域的教学单位也率先安装了多媒体教室。三是资源稀缺的状况得到了显著改善。"优质资源班班通"项目是把优质的教育资源共享给每个教学单位、每个班级，让学生们共享优质的教学资源，并取得了很好的效果。在教育信息化背景下，我国已建成56个网上专业数字化资源库，全国开放高校已建成3万多个网上资源，超过60个太字节课程。四是"人人都能在网上学习"，取得新的突破。全国30%以上的高校都建立了网上学习空间，建立了国家开放大学远程开放教育云平台；以开放教育为特色的国立开放大学，实施开放式的云端课堂，提供60门核心课程和50门通识课程，数字教材50种，并在网上广泛传播，推动了教学观念的转变和教学方式的革新。五是初步构建了教育云服务系统，将20余家省级教育优质课平台、企业教育云服务平台等资源整合在一起，形成了校校之间、企业之间、校企之间并联发展的良好态势。

第二节　大数据时代对高校教育管理的创新

一、大数据时代对高校教育管理的理念与思维进行创新

在传统的教学模式下，一般都是由老师根据自身的经验资料，自行设计出一套较为客观的研究方案，但其局限性也很大，对国家教育成效的回应是不能提供全面的真实资料，因此，传统的教学模式受限于发展。大数据时代已经完全改变了这一状况，首先，在大数据时代，我们可以利用互联网上的调查、统

计，快速地对已有的资料进行分析，从而发现教科书的优势与劣势；其实，教材中的大量数据只是对学校教育管理的一种副作用，即对学生频繁进入的统计错误，或者对各个班级的教育统计产生的影响，从思想上和根本上改变了教育的整体观念。

二、大数据时代对高校教育的评价模式进行了创新

教育评价是高校教育体系建设当中的一项重要内容，在优化高校教育管理，提升教育质量等方面，发挥着不可替代的作用。为了从根本上优化教育评价模式，有效适应大数据时代的要求，就要积极将大数据应用到教育评价模式构建当中，借助大数据手段完成教学评价研究，为教育综合水平的优化提高提供根据与支持。大数据时代让传统教育评价发生了彻底变革，使得教育评价不再拥有过多的主观色彩以及经验之谈，变成了拥有客观现代科技为支持力量的客观评价模式。这样不仅能够有效获取不同教学平台当中的数据信息，获知学生对不同导师课程的点击量，还可以借助活跃度调查的方式完成对教育整体的评价，保证评价活动在客观数据支持之下提升质量。

第三节　高校教育管理信息化创新面临的挑战

虽然信息革命使人类的生活得到了极大的改善，但是不可否认的是，它也会产生难以消除的消极作用。不能期望一切与资讯相关的问题都能得到解答，也不能将资讯视为洪水猛兽。科技对于教育管理和技术的消极影响，这些都值得我们认真思考。

一、教育管理信息缺乏实证性

现在的信息技术，已经让很多人放弃了对调查的热情。为了方便，部分管理者忽略了实际的调研，而直接从网上下载其他部门的规章制度，这种现象在学校的管理法规实施中屡见不鲜。在我们所掌握的信息技术知识所提供的"硬

性信息"中,"何时""何地""何事",如果我们仅仅从结果出发,而不能思考和解决问题,那是远远不够的。如果不能将信息技术和现实联系起来,那就是死板的。因此,在现代资讯科技的支持下,教学管理应重视资讯与实际的结合。

二、信息安全与保密是教育管理信息中的重大问题

教师、学生、课程、学籍、教材、教学网站等,这些都构成了教学管理的信息。以现代资讯科技为支撑,尤其是教育行政的资讯系统,由于其具有开放性与交互性,在繁杂的程式中,资讯与教育管理系统本身的软肋与漏洞,极有可能会被任意提取,而储存与传送时,往往会造成资讯的泄露,造成安全风险。尽管已经建立了访问权限,但是仍然存在着某些秘密信息被盗用或被篡改(例如黑客)。和其他的计算机软件一样,计算机病毒对教育系统的危害也是非常大的,如果系统瘫痪了,很可能会影响到整个学校的教学。

三、高校教育管理信息化中产生的问题

(一) 教育管理信息系统的开发问题

教育 MIS 是实现多校区远程教学管理的重要基础。这是一项非常复杂的工程,投资巨大,覆盖范围广,功能强大,但技术含量也很高,必须要经过漫长的时间。在软件开发的过程中,需要有丰富的教学经验和丰富的教学管理知识,具有良好的教学管理能力,并具有软件开发的环境与机制。其实,就一般的大学而言,应该采用"引进"和"收购"的模式。采用这种方法可以有效地提高软件的开发效率,降低系统的运行费用,并根据学校的实际管理特点和个性化的管理需求来进行。

(二) 教育管理制度的定位问题

一般大学,特别是刚刚建立不久,学校的教育管理制度,是以学年为单位的。如果全部使用学分制,会让广大师生因为无法适应新管理,而产生一系列

的问题。所以在教育管理制度的定位和选择方面，一定要循序渐进，不能一下子到学分制，而是向着学分制过渡，考虑到师生的管理适应度。

（三）教育管理队伍的建设问题

教育管理信息化是对技术和各方面要求极高的一项工作内容，也因而提高了对教育管理人员的素质要求。因为教育管理者与教育质量和信息化建设存在着不可分割的关系，只有促使他们树立现代化的教育观念，有效积累获取多元化管理知识，并且懂得去创新，才能够真正掌握信息化技术，进而为管理信息系统的构建作出突出贡献。所以我们可以说，教育管理者一定是拥有极高综合素质的管理型人才。所以，高校除了要在软件和硬件建设方面加大工作力度之外，要加强教育管理人员的素质教育，使其在实践中的运用、信息素质的培养、信息技术的开发和运用。其次，要建立完善的信息管理体系，尤其是对信息系统的评价与奖励，只有这样，系统的科学化、规范化，才能激发和推动信息系统的建设。

第三章　高校教育档案管理信息化的发展与创新

第一节　高校教学档案概述

一、高校教学档案的含义

教学档案是学校教师在长期教学、科研活动中所创造、积累的智慧和劳动成果。教务处是学校教育工作的总指挥和引导,它的一系列工作将会生成大量的教务管理文档和材料;系一级教学单位既要完成本部各专业的教学工作,又要与教务处其他部门协调,负责成人教育、普通教育和各类短期培训班的教学、科研工作,各类教学实习活动将会产生大量的信息资源,这些都是教学档案的重要组成部分。具体而言,教学档案包含教学计划与总结、学术研究、学科建设、教师工作量测验、教学大纲、教学日历、学生成绩、学籍、课表及各项规章制度。

二、高校教学档案的意义

高校教学档案是广大师生辛勤工作的结晶,是推动和提升教育管理工作的根本,是学校宝贵的知识和财富。加强教学档案的管理,收集教学活动的历史数据,对于改进教学工作,提高教学质量,具有重大的历史和现实意义。

(一)教学档案管理是档案管理中的重头戏,是教学部门不可或缺的工作

从学生入学到毕业,教师从头教起,教什么、怎样教到教的效果,教与学

在整个教学过程中的每个阶段的进步，所形成的有价值的文字、图表和影像资料，就是教学档案。教学工作文件（由上级部门发出的教学文件、课堂和实践教学资料、教学计划和总结、教育改革、教学研究、教学质量评价、师资培养、典型教案、编著教材、实习实验指导书、教学检查总结、对学生的考察、教师教学日历等）、学籍管理档案（学生入学登记表、学生学籍异动情况记录表、学籍卡、学历学位发放记录登记表等）以及其他在教学活动中直接形成的文字、图表及影像资料。

大学教学档案管理是大学教育改革的必然要求。教学档案的管理，要及时、完整、全面地收集教学文件、教研资料、教学成果等资料，并将其归档。开展教学档案的管理，既是档案工作者的职责，也是教育部门的职责。由于教学材料的及时搜集，需要各教研室和教研室的共同努力，只有由教研室的工作人员共同努力，方能保证教研室记录的及时性、完整性和权威性。

（二）教学档案是高校教学水平的客观记录和反映

档案是客观的社会历史发展过程。教学档案是大学教育质量的一个客观指标。本节从多年的讲稿、教案、实习实验指导等方面的对比分析，可以看出其教学水平。如果老师多年不改讲稿、教案、实习实验指导书等，那就是老师的专业水准没有提升，这就是教育水准停滞，跟不上时代的发展（其实是一种退步）；通过对学生的考卷、考试成绩、优秀毕业设计、毕业生追踪问卷等的对比，可以看出学生的学习状况；通过"横向"对比，可以直观地反映出不同院校的教学水平和教学管理水平。为进一步加强教学管理，提高教学质量提供了重要的依据和依据。

第二节 高校教学档案的管理模式

一、高校教学档案现行管理模式

近几年，我国教育行政主管部门加大了对高校的宏观调控，并对高校的本科教学工作进行了全面的评价，使高校的教学档案工作得到了更多的关注。

（一）借高校教学评估契机，大力宣传教学档案的作用，提高教职工的档案意识和对教学档案管理工作重要性的认识，求得学校相关领导的支持

教学档案在高等学校的教学管理中占有举足轻重的地位。虽然目前大部分高校还没有将学生的考试试卷、试卷分析表、标准答案等归档到教学档案中去，但这对于评价学校未来的办学水平、研究教学及其管理的内在规律、改进教学方法、提高教学质量都具有重要意义。所以，在得到有关领导的大力支持之后，就用"红头文件""员工大会""学校主页""校报"等方式，在学校内部形成一种"教育档案"的氛围，希望大家能够对"教育档案"工作达成一致，形成"齐抓共管"的局面。

（二）摒弃传统服务思想，主动出击，彰显教学档案效用，以有为谋求有位

档案的搜集、整理和保存是其终极目标，如何使其"活"起来，是一个值得研究和思考的问题。一张成绩单和一张试卷，反映了一个学生的学业情况和教育水平，它既是对学生的一种检验，也是对学校生活的一种认知。只有当教学文件在起作用时，其重要性和价值才会得到体现。

二、网络环境下的高校教学档案管理模式

（一）高校教学档案网络管理的含义

大学教学档案是大学在过去的教学活动、科研活动和教学管理活动中，直接生成的各种文字、图表和声像资料，是学校档案工作的一个重要内容。高校教学档案的管理工作，是以档案的收集、整理、加工、保管、开发利用为主要内容的综合工作。随着高校教学、科研、教学管理工作的不断深入，教学档案不断地生成。

（二）网络环境下高校教学档案管理的模式

随着高校信息化建设的不断深入，传统的以档案实体为管理目标的管理方式已不能满足高校的教学、科研与管理工作的需求。高校图书馆在实施网上教育档案工作时，要在理论与实际上进行创新，要根据学校的特点，充分发挥自己的优势。当前，我国高校的教育档案管理存在着三种模式。

1. 集中式管理模式

它是由大学内的教务处和教务档案管理共同构成的一种教育档案资源的集中管理和服务。具体来说，就是把这些机构作为学校的教学档案资料的管理与服务中心，利用高配置的网络服务器，建设一个专门的教学档案资料站点，并通过内部网或因特网进行校内外的使用。集中式经营方式各有利弊。这种方式具有硬件集中、避免重复、集中管理、提高网上信息安全的特点；这种模式存在着教学档案资料更新缓慢、易丢失、不易使用等问题。

2. 分布式管理模式

该模式是充分利用现有的、广泛分布在各个院系已有的硬件资源，并通过校内先进的 Intranet 网络，将所形成的教学资料及时上传、上载，从而分散地提供利用服务的一种方式。分散式管理的优势是：教学档案资料的快速更新，信息量大，方便用户使用；缺点是：所购置的软件、硬件设备投资大，管理难度大，档案资料的保密程度低。

3. 集成式管理模式

连红等认为，"把教学档案管理和服务的全过程看作一个有机整体，以全方位、全范围、全过程的'大整合'管理理念，赋予了教学档案系统的系统性和动态性，使得档案运动的各个环节都规范化，把重要的接口关系纳入到档案管理的状态中，进行控制、协调和沟通。"在一体化管理模式下，高校的教学档案工作应从多方面入手，综合利用各类资源，从管理、技术等方面，有效地将各类资源进行整合。综合管理是当前大学教育档案管理的一个主要方向，特别是在网络环境下，应根据学校内部的多种管理系统，包括教务管理信息系统、各种办公自动化系统等，积极开展信息系统整合，实现网络互联互通，系统资源共享，确保"电子证据"的真实性和真正实现。

第三节　高校教学档案信息化

一、高校教学档案信息化建设的内容及意义

近几年，随着信息化进程的加快，高校档案教育资源日益受到重视，已成为国家经济发展中不可缺少的战略资源。随着信息技术的不断发展和更新，以信息经济和知识经济为核心的管理手段层出不穷，各种科技手段在各行各业中得到了广泛的应用，这就给现代社会的工作模式提出了新的要求。当前，高校信息化建设已成为大学发展的必然趋势，档案信息化建设需要借助现代信息技术对档案资源进行管理和处置。当前，我国处在信息技术飞速发展的知识经济时期，知识和经济的有效运用成为人们关注的焦点，从而推动生产力和生产方式的转变与提升。档案是人类社会发展的一种重要的档案资料，它在档案的革新和管理中扮演了极为重要的角色，档案的资源配置、档案的利用、档案的保管、服务、管理等都需要转变，以便于与时代及社会发展的需求相适应。

二、实现高校教学档案信息化管理的基本措施

随着信息化时代的来临，现代科技的运用，大学教育档案工作必将焕发出勃勃生机。而影响高校教学档案信息化的因素，除了传统观念上的保守，还有技术运用和管理上的原因。为此，教育和档案管理部门要加强对教育档案的管理，加强对管理人才的培养，加强对学生的社会服务意识，提高教学档案利用效率，为高校的发展提供有力的保障。

（一）要转变思想观念，加大宣传力度以争取领导支持

高校档案管理的信息化建设，既要实现信息化，又要建立现代的管理观念。在教学档案管理中，应采用现代信息化技术与管理方法。但是，我们都知道，以现代资讯科技代替传统的人工作业，是一个循序渐进的过程，不可能一蹴而就，因此，在这种转变中，我们必须要有一种现代的管理观念和观念来指导我们。在当前的高校教学档案工作中，要改变传统的思维方式，就显得尤为重要。

当然，教育档案人员在思想观念的转换中，不能完全摒弃旧有的观念，要坚持传统的教育档案管理方法和管理理念，要大胆地引入现代的档案管理理念。只有使教学档案管理中的现代信息技术和先进管理思想相结合，才能真正实现教学档案管理的信息化管理，使教学档案工作更好地适应新时期的要求。

此外，在教育档案工作中，应加强对档案的宣传，增强学生的档案意识，特别是要以此为契机，改变某些领导重视教学而忽视档案的观念。同时，要及时向上级报告教学档案信息化工作的进度和存在的问题，争取上级的政策、资金等方面的支持，为推进教学档案信息化管理奠定基础。

（二）高校教学档案管理的标准化和规范化建设

当前，我国高校的教学档案管理思想、管理手段、管理方法等都存在诸多问题，严重影响了高校档案管理工作的开展。为推进教学档案的信息化管理，使教育档案的社会价值最大化，高校教务机关应加强教育档案工作的规范化。作为档案工作的一部分，应把教育档案工作融入档案工作的全过程，并在国家档案工作的规范化方面进行宏观指导。因此，在我国高校档案工作中，档案管理的规范化也是一项重要的工作。

第四节 高校教学档案管理的创新

教学档案涉及的范围很广，涉及教学工作的方方面面，教学过程的全过程都是记录，呈现出各种不同的形式。同时，文献资料的来源也十分丰富。高校

教学档案管理模式的改革，既能提高教学质量，又能适应社会，尤其是学校内部的需要。当前，高校图书馆的档案管理改革已成为当前高校图书馆工作的一个重大问题。

一、高校教学档案管理面临的新机遇

（一）高校不断地提升自身规范化办学水平

随着高等教育的发展，高校的科学管理意识日益增强，学校的内部管理与教学评估水平也在不断提高，学校的规范化程度也随之提高。近几年，不断进行的高等教学评价活动，巩固了学校的标准化办学成效，促进了学校的教学档案建设，提高了学校的档案管理水平。

（二）高校逐步认识到教学档案和管理人员的重要性

在教学管理中，教师的各个环节都能从资料的搜集与整理中得到有效的体现。同时，教育档案的建立，对提高教师的责任心、增强科学意识、加强学校质量工程、加强教学评估起到了积极的作用。与此同时，随着学校政策的倾斜和档案意识的加强，教师的地位也在逐步提升。

（三）高校着力推进教学档案管理工作现代化

随着信息化进程的加快，高校对信息化建设的重视程度也越来越高。传统的教学和管理技术难以满足现实需求，高校投入更多的人力与资金在档案管理模式现代化及创新上。引入现代化的信息技术，为实现高校教学档案工作的网络化、自动化和现代化提供了坚实的技术基础。档案管理工作，如档案的收集、分类、整理、归档和传输等工作中，现代化技术的应用程度也得到了极大提升。高校档案管理必须尽快实现教学档案系统的电子化，构建教学档案管理平台，使教学档案管理效率和质量不断得到提高，夯实高校长远发展及提升质量的基础。

二、新时期高校教学档案管理创新路径

随着我国经济、社会的发展，档案馆作为一种重要的信息资源，在国民经济和社会中占有举足轻重的地位。如何加强档案管理的规范化、科学化，在原有档案管理的基础上进行创新，尤其是运用现代信息技术，实现档案管理的现代化。本节主要从以下几个方面着手。

（一）增强全员的教学档案意识，健全教学归档制度

教学档案工作牵涉到许多单位和个人，影响范围很广，要做好这方面的工作，就必须加强对教学档案的认识。要增强学生的档案意识，必须从思想上转变，高度重视档案工作，强化对档案的管理。其次，要加大宣传力度，让教师和管理人员充分了解教学档案在教学、科研、实践、管理等方面的作用。要加强各部门的沟通，使教学档案更好地发挥其功能。同时，由于教学档案具有专业性、多元性、周期性、成套性、历史流程性等特性，所需的时间和资金都是巨大的。为此，应建立完善的教学档案管理体系，明确其工作职责及归档范围。明确职责，规范业务，规范文件，确保档案工作的质量与效率。只有这样，才能确保教学档案的完整性、系统化，更好地为教学与科研工作服务，为教学改革与决策提供科学依据。

（二）推进院系教学档案管理制度建设，加强教学档案管理模式创新研究

一是要建立和完善教学档案管理体系，为搞好教学档案工作打下坚实的基础。在加强对教学档案的规范化的管理，确保教学档案管理的各个环节、各方面都有了规范的要求，确保教学档案管理的各个环节不脱节不遗漏。高校的教学档案中存在着许多独特的、原始的、具有教育意义的知识，要充分发挥它的作用，在搜集、整理的过程中，根据系统指标等的需要，将其规范化、标准化，形成具有实用性、准确性和权威性的教材。

二是要加强对教学档案的管理方式的创新，使之能够建立起一套完整、

系统、可操作的教学档案管理模式。采用现代信息技术对传统的档案管理进行管理，使之成为现代的管理方式，从而提高档案的使用效率。运用现代信息化技术，使教学档案管理更加科学化、标准化，促进了传统的管理方式向现代化的管理方式转变。在这一转变中，教育档案工作要顺应时代发展，适应现代化的需要，不断地进行教学档案管理，使之更好地服务于学校的跨越发展与变革。

第四章　高校科研管理信息化的发展与创新

第一节　高校科研信息化管理概述

信息资源与信息网络是大学管理信息化的重要组成部分，在项目申报、中期管理、结题、成果转化等过程中，信息的收集、分析是科学研究的重要组成部分。而网络作为载体，既是信息资源的载体，也是科学研究工作方式的一种重要方式。信息资源库的建设与利用，信息网络的应用，使办公的工作效率得到了极大的提升。科研管理的信息资源可以为科研人员、政策制定者、市场主体等提供服务，同时也可以超越时空和实时的限制，在某些情况下，还可以进行多层次的交叉配置。信息网络在大学科研工作中占有重要位置，关系到大学科研工作信息化的成败。

一、科研信息化管理的意义

（一）促进科研信息资源的获得、共享与成果信息传递

高校科研工作者通过互联网，可以很容易地获取国内外的科学资讯和最新的科学技术动态，大大降低了重复研究的机会，优化了有限的科学资源，取得了巨大的经济效益。利用该系统，可以使科研管理系统的信息资源共享，使用户可以随时调用和查询系统中的各类信息，便于学术交流和合作。

长期以来，高校的科研成果转化效率低下，很难实现产业化，这是造成高校科技进步的重要因素。信息网络化为技术成果的发布、技术投资提供了一个

新的空间，企业可以在信息网络中选择、开发适合自己的高科技产品。

（二）提高各项数据统计的科学性与准确性

利用网络，可以实现各院系与科研单位的数据连接，利用信息网络进行数据的收集，并对原始数据进行汇总、统计，并设计出相应的数据报告，利用数据进行转换，从而得到的数据更加准确、可靠。科学技术统计工作也可以从年度报告转变为随时可以查阅，比如，可以实现科学研究工作量的自动计算。因为该系统可以根据项目、成果、奖励、学术活动等基本资料，自动地推算出所需的研究工作量，从而实现对学校科研工作的量化。这种总结工作不但为年底的统计工作奠定了良好的基础，也为以后的申报工作奠定了良好的基础。

二、信息化对高校科研管理的作用

（一）信息网络对科研项目管理的影响

1. 缩短了项目组织、申报的工作周期

以往的计划下达、项目申报等一系列的工作都是通过多个程序进行的，不但过程漫长，而且容易出错。而信息网络则能实现文件的传递、发布、即时的信息传递，实现真正的无纸化办公，降低不必要的人力资源浪费，降低不必要的中间过程，大大缩短了项目的组织与申报时间。

2. 使项目组织更具科学性

以往的项目组织、检查、评估工作多是以经验、数据为主，而信息化的网络则使得整个学校的综合信息检索工作得以实现。相关的项目信息可以通过网络查询，为学校的工程组织提供全面、动态的信息，从而对项目的评价进行定量、科学的评价。为企业的决策提供了科学的基础，降低了企业的盲目。

（二）信息网络对科技成果推广的影响

高校过去的科技成果推广活动，多是以科技工作者为主体，在全国范围内

组织科技成果展示和交易会。由于时间短，人员多，接触面狭窄，效果不明显。如今，科技产品的供应者和需求者，都是由资讯技术直接连接起来的。通过网络，可以为大学的科技成果进行广告宣传，谈判、签约付款也可以在网上进行。通过互联网视频技术，将科技成果的形态、结构、性能特征等充分展现给消费者，通过互联网进行交互，对于科技成果的推广和应用将产生积极而深远的作用。

第二节 高校科研信息化管理的对策

高校科研工作的信息化建设分为两个阶段，首先是基础设施，也就是硬件平台，主要包括：校园网网络的综合布线、计算机终端、网络交换硬件等；第二个阶段是构建信息资源，也就是构建一个软件平台。主要内容有：科学研究管理应用软件系统的构建。高校的信息化建设是科学研究工作的重要保证，也是科学研究工作的重要保证。

一、加强科研信息化管理的硬件建设

（一）科研管理信息系统的开发

当前，尽管科学研究中也有计算机、因特网等先进的技术手段，但仍局限于文字处理和在线数据的检索，信息化、网络化程度较低是一个普遍问题。虽然很多科研管理机构都已经研发出了便于管理的系统，但是仅仅一个管理的系统（比如科研项目管理系统、科研工作量统计系统），并不能真正地提升科研管理的效率。

科学管理信息化是指根据科学管理的内容和流程，实现日常管理的自动化和半自动化。为了使信息的收集、传递、处理、存储、反馈和利用，能够根据外部和外部环境的变化，充分利用科学信息。

（二）系统管理和维护

科研管理信息化建设的初期投资很大，不仅要购置大量的设备和软件，还要建立新的工作程序，规划和建设科学研究的信息化管理系统。然而，科技管理的信息化建设不能一蹴而就，要实现科技管理信息化，必须要有全体管理者的共同努力，有创造性的思考。同时，没有一个信息化的应用能够涵盖全部的工作内容和流程，因此，随着管理工作的不断发展、变化和更新，系统的维护与更新显得越来越重要。

科学管理信息化系统的维护与更新，包括信息的维护与扩充与更新。信息维护的关键是要掌握正确的信息，才能做出科学的决策。

二、重视科研信息化管理的软件建设

（一）更新思想观念是科研管理信息化实践的关键

1. 认清科研管理信息化的意义

信息是科学研究管理和科学计划制定的基础。在知识经济的今天，科研管理人员每天都要处理大量的、具有持续性的业务数据，这些数据必须通过实时的传递或者反馈到有关部门。单纯使用电脑技术来加快数据处理的速度，而不使用现代的管理手段，使科研管理的信息化应用仅靠电脑模拟原来的人工操作，最多只能减少人力，其作用的发挥非常有限。

科学研究管理的信息化工作体系是一种管理方式与工具，无论各级管理者的质量如何，只要把业务过程的规范统一起来，系统就会像一个高水平的人来管理，它的整体管理水平也会随之提升。科学研究信息化的重点是将现代管理理念和方法与先进的科学管理方法相融合。科学研究信息化的关键在于要根据管理工作的内容和单位资源的变动规律，构建一种可以充分运用计算机网络技术，合理组织和使用信息资源的管理方式。如果不能正确地理解科学研究的信息化，那么在设计和使用信息化的时候，就很难再有创新和突破。

2. 创新科研管理工作意识

科学研究的信息化使科学研究的管理理念发生了变化。它打破了以往条块分割的科学研究管理方式，将组织内的资源和信息有机地结合起来。它既能开拓管理者的眼界，又能提高科研人员的沟通与了解，激发他们的创造性。科研管理信息化的本质就是要把原来的工作都用电脑进行处理，这样就会产生大量的工作和文字工作，而无法实现管理工作的改革与创新。

（二）争取获得各级领导对科研管理信息化的重视和支持

高校科研管理信息化建设是一个复杂的系统工程，其实施必须得到各级领导的充分理解和大力支持。科学研究的信息化涉及范围很广，涉及大量的人力、物力、财力，因此，领导的决策是十分重要的。只有这样，才能有效地调动和组织各方的力量来发展信息管理体系，建立信息网络，激发管理者和技术人才的积极性，推动信息化的发展。

提高学校的办学水平，寻求长期发展，必须依靠科学研究的发展。领导干部要不断提高自己的科学观念，充分认识到科学研究是学校的生存与发展的关键，而领导作为高校发展的总策划和决策人员，必须积极动员和组织各方的力量，搞好信息网络，推动科学研究事业的发展。

第五章 高校教师管理信息化的发展与创新

第一节 高校教师信息管理概述

一、高校教师信息管理化的发展进程

我们国家的高校教师管理的信息化建设始于 20 世纪 90 年代中后期，虽然我国的高校教师管理的信息化起步很晚，水平也相对落后，但在新技术和新管理思想的刺激下促使高校教师管理信息系统迅速提升。当前，高校教师信息管理系统的硬件设施的数量和质量基本能够满足软件运行的条件，但在信息系统软件的应用与开发上与实际工作的需要尚存在差距。从总体上来看，高校教师信息管理的实践进程依然大大落后于信息技术的进步，为了深入分析我国高校教师管理信息化的现状，我们将高校教师管理的信息化进程划分为四个阶段。

（一）数据处理阶段

第一阶段高校人事管理部门围绕着办公自动化的需求而展开，将计算机技术应用于一些教师管理的辅助性工作，主要是利用 Word、Excel 等办公软件在单机上处理与教师相关的数据，以替代传统的手工操作，目的是提高高校教师管理的工作效率，解放人力。目前，我国绝大多数高校都已经实现了这一阶段的任务。

（二）信息利用阶段

在这一阶段教师管理信息系统的框架初步形成，高校行政管理的各个职能

部门都建设有独立的信息系统。高校管理部门为了提高工作效率纷纷开发和引入信息管理软件系统，将单机上存储的教师数据整合成教师管理信息，在部门内部实现教师信息的输入、处理、输出，系统可以提供查询和下载的基本功能。

（三）信息共享阶段

利用高校内部健全的校园局域网络，将分散的教师数据集中起来，不同的校内用户拥有相应的使用权限。这时系统可以提供更加全面的功能，除了发布、查询和下载等基本功能以外，技术上还可以实现数据的及时更新、维护。此外，由于授权用户数量的增加，教师管理信息系统可以为除管理人员以外的其他人员提供服务支持，教育行政管理部门和教师们都可以利用系统提供的信息来增加高校教师管理的附加价值。比如决策支持系统的开发，通过系统相关的程序设计来处理数据，形成有决策价值的信息。国内已经有少数高校在教师信息管理高级阶段的研究与开发上做出了有益的尝试。

（四）信息管理战略化阶段

高校教师信息管理战略化建立在技术水平达到一定高度的层面之上，在这一阶段校园内部的局域网与互联网相连，教师管理信息系统的用户扩展到互联网的授权用户，增加了教师信息的共享程度，信息借助通信网络技术实现远程协同管理。此时信息系统的建设不再盲目追求技术上的提高，而是旨在为实现高校人力资源管理的战略发展目标服务。具体而言，高校总体战略规划是通过分步完成由总体战略目标所分解的各子目标来实现的，教师管理的信息化不仅影响着高校人力资源战略目标的实现，也对总体战略规划的其他组成部分具有很大的推动作用。通过开发和运作完整统一的高校教师管理信息系统，可以充分发挥信息的价值，达到高校管理的标准化、科学化，从而提高高校的核心竞争力。

从上述阶段分析可以看出，我国大多数高校的教师管理信息化建设还处在信息利用的阶段，高校的教师管理比较松散，对教师信息的利用不足，需要搭建信息共享平台来对高校教师进行系统化、专业化的管理。现阶段在大多高校中存在着这样一种现象，高校教师管理信息化的硬件优于软件。高校的教师管理信息系统是通过计算机来管理教师信息的，计算机是管理教师信息的工具，但硬件设施的进步程度并不代表管理信息系统的优劣。我国大多数高校都配备有先进的计算机设备，不少高校却还没有一套完善的系统软件来管理教师信息，即使是建设有信息管理系统的高校也只是不同部门自行采用的条块分割、不能兼容的若干个复杂子系统，没有形成一个独立的教师中心数据库。

形成这种现象的一个重要原因在于高校教师信息部门化管理的格局。以教师管理为内容的信息分散在高校内各个不同的职能部门，教师的进出管理和人事档案信息在人事管理部门；教师的培训和进修信息在师资管理部门；教师的教学信息在教务管理部门；教师的科研成果信息在科研管理部门；教师的福利待遇和社会保障信息在劳资管理部门。各个管理部门构建有独立的数据库，数据重复录入，不仅增加工作量，而且容易造成数据不准确；其次在信息的管理上形成交叉更新和维护，所产生的冗余信息带来了高校管理信息系统的重复建设；并且高校职能部门的信息管理软件有的是从企事业单位的信息管理软件转化而来，对高校特有的教师管理在功能上还存在着一定程度的欠缺，不能有效使用，利用率不高。高校对管理信息系统的利用只停留在原有软件系统的基础上，未能结合本校教师管理的实际情况开展进一步地开发与利用，所以包含有教师信息的系统在功能上都表现得比较单一，基本停留在信息的输入、存储、修改、查询，未能实现数据的网上远程传输、更新、维护。

近几年来由于高校的大规模扩招，教师数量增多，人员流动性加大，在很大程度上增加了教师管理部门的工作量和工作难度。高校人事制度改革的推行对教师管理提出了新的要求，原有的高校教师信息管理系统已经不能适应人事制度改革的要求。在当前高校教师信息化建设中，各个职能部门存在着不同程度的"信息孤岛"现象，同时，也会影响到大学的信息化工作。因此，各高校需要尽快开发出一套适合教师管理特点、具有较强实用性、以计算机和网络通信为主要手段的多层次、功能齐全、动态型的教师管理信息系统。

二、高校教师信息管理系统的分析与规划

如何构建一个高效率的高校教师管理信息系统关键在于做好高校教师管理信息化的总体规划。要改变目前高校教师信息管理部门割裂的现象，避免形成新的信息孤岛，就要求我们在系统论思想的指导下对高校教师管理信息系统进

行总体规划、分步实施，不断更新。系统论主要体现了管理的整体性思想，把研究对象看作是一个处在一定环境中的开放性整体，每个系统可以包括若干子系统，但它本身又是另一个更高层次系统的子系统。系统论主要是研究系统中要素与要素、要素与系统、系统与环境、系统与系统的相互作用和变化规律，系统论的观点认为管理必须着眼于系统整体内部的协调。具体到教师管理信息系统的开发，是要在系统论的思想指导下，采用先进的开发工具，建立一个统一的关系型数据库，从服务于高校长远发展战略的高度进行系统规划，完全整合各部门的管理功能，实现了信息的直接交流，降低了信息的流通，形成了一个统一的办公、信息交流和业务管理的信息化大平台。采用系统论的科学方法有利于我们对高校教师管理信息系统的深入认识，有利于高校信息管理内部子系统之间的协调，所以高校教师管理在信息化过程中需要引进系统论来指导信息系统的规划与实施。

（一）系统的目标

教师管理信息系统建立在计算机技术、信息技术、网络技术的基础上，它将高校教师从进入一所学校到离开一所学校整个流程中每个环节的相关数据收集起来构建一个整体的数据库，并对教师信息进行收集、传递、储存、加工、维护和使用。开发教师管理信息系统就是要对高校教师信息实施动态管理，所以教师管理信息的设计要以应用需求为目的，建立教师管理信息系统的目标首先是要借助计算机技术最有效地利用教师信息资源，其次是通过合理利用信息资源来最大限度地满足不同用户对教师信息资源的需求，系统建立的最终目标是方便不同的用户充分利用教师信息，实现信息价值的最大化。基于我们长期以来对高校教师管理工作的了解，我们所开发的教师管理信息系统要解决以下问题：首先要在技术上实现各部门的系统兼容，可以输入和导出不同组合的数据，尽可能地满足不同部门的工作需要；其次是要在技术进步的基础上实现教师个人职业生涯从开始到终结的系列化流程管理；最高层次是利用系统的附加功能模块实现教学、科研工作量等各种自设项目的自动化核算统计，为绩效考核和决策管理服务。

（二）系统的结构

1. 总体构成

教师管理信息系统是一个运作周期比较长的系统，涵盖了高校教师由进校到离开学校的诸多环节：招聘管理、岗位管理、职称、培训、教学、科研、薪酬福利等。教师管理信息系统按照业务功能从横向上分为六个核心模块：人事管理信息子系统、职称管理信息子系统、培养管理信息子系统、教学管理信息子系统、科研管理信息子系统、劳资管理信息子系统。此外还包括两个附加功能模块：绩效评价子系统和决策支持子系统。一个战略化的教师管理信息系统是以用户为中心的服务系统，按照用户的需求不同，系统从纵向上分为四个层次：技术人员的开发平台、教师的运行平台、管理人员的管理平台、领导者的决策平台。教师管理信息系统包括信息交换、信息打印、信息统计、信息查询、信息录入与维护五个主要的系统功能，通过系统功能将整个系统从横向和纵向联合成一个一体化的系统结构。

2. 子系统特点分析

高校教师管理信息系统是一个横向分布的系统，我们所倡导的是一种流程管理的思想，对教师信息的管理贯穿了高校管理的整个流程，各子系统分别包含了高校教师不同侧面的信息。

（1）人事管理信息子系统。人事管理是对教师基本信息的管理，是其他子系统的基础信息来源，主要包括教师的人事档案信息、岗位信息、聘用信息，具体有教师的性别、年龄、民族、学历学位、政治面貌、研究方向、学习与工作经历等内容。

（2）职称管理信息子系统。每年一度的教师职称评审信息的管理，包括职称评审的政策信息、教师职称评审的材料、教师职称变动的管理，该系统由于其特殊性在本教师管理信息系统中只体现了教师职称变动这一个子项目。

（3）培训管理信息子系统。对不同类型的老师所参与的培训项目、培训经费、培训方案、出国情况、学历学位、培训过程实施、培训效果分析等信息的综合管理，培训项目一般包括博士后流动站、省内访问学者、国内访问学者、国外访问学者、高级研讨班、课题研究、专题培训、公派出国、自费留学等。

（4）教学管理信息子系统。包括教师每学期的课程内容、课时量、授课对象、授课时间地点、教学质量及教学科研等信息，在 2006 年我们对系统的维护中根据教学管理发展的需要增加了精品课程的信息管理这个子项目。

（5）科研管理信息子系统。主要是对教师科研信息的管理，包括教师的课题申请情况、审批情况、课题参与人员、经费支出、课题成果、学术专著出版、科研专利、发表论文等方面的资料。

（6）劳资管理信息子系统。教师的薪酬福利信息管理，包括薪酬方案、薪酬项目、具体的计算方法、社会保险福利、奖惩管理，还包括离退休教师的薪酬和社会保障管理。

这些子系统的数据由不同的管理部门来维护，面对相应的用户开放不同的权限。除了完成高校的基本行政管理工作之外，信息系统还应该具有附加模块功能，如教师绩效评价子系统和决策支持子系统。附加模块的开发对技术有更高的要求，与学校的实际情况也联系得更为紧密，我们这里只是作为一种尝试性的建议。教师绩效评价子系统是利用六个核心子系统所提供的基本信息并对这些信息稍做处理，按照预设的指标和权重来完成对教师定期考核和年终考核。决策支持子系统是按照整体规划对教师信息进行收集、加工、分析和输出并形成周期性的信息报告，面向教育行政管理部门及学校领导提供决策支持服务。

3. 用户需求分析

教师管理系统是一种开放的、网络化的系统，按其服务类别划分，可以分为系统管理员、高校教师、高校行政管理人员、校领导、教育行政部门领导等多种用户，并且在高校行政管理人员中根据工作需要的不同有人事处、科研处、档案馆、教务处、财务处等不同的角色用户，所有的系统用户通过网络进行协同工作。

系统管理员是系统中的超常使用者，对系统的架构与作用了如指掌，其工作内容为数据的维护与恢复、系统日志管理、数据导入导出、角色与权限设定、系统参数设定等。高校教师可以利用系统在线了解自己的信息，通过系统接收通知和文件，并可以向行政职能部门反馈意见。行政管理人员主要是指负责高校各项与教师相关业务的科室的工作人员，他们通过系统管理全校教师的教学、科研、人事等数据，在线可以开展日常管理工作，还能通过系统实现职能部门之间的互动，熟悉公司的工作情况，并对公司的日常运营进行日常的维护和管理。校方和教育局的负责人在系统里查找资料，可以直接了解到最新的教师信息，达到辅助决策和决策优化的目的，提高管理决策的科学性。

在我们所建立的高校教师管理信息系统的平台上，教师能够及时方便准确地获取自己的信息，高校行政管理人员通过高效而又规范地整理信息完成职能管理的工作任务，教育行政部门和高校的领导者则能够利用信息来支持科学决策。

（三）系统的功能

我们所开发的教师管理信息系统是采用网络技术和其所特有的 B/S 结构，通过远程调用各子系统数据库中的信息数据组成的一个闭环系统，是一个有着反馈循环和控制机制的动态信息系统。教师信息管理系统在开发、操作、执行、决策四个层面上为用户提供了五个基本功能。

1. 信息录入与维护

由学校代码和职工号组成的 10 位数字的人员信息编号，按照 6 个子系统将信息分类，采用模块化的录入与维护方式，由相关部门的管理人员录入与之部门职能相关联的数据，并负责长期的维护工作，通过明确数据来源、按时复核和定期检测等手段来保证信息的准确性、及时性。具体内容是由有管理权限的用户按照规范化的要求在教师管理数据库中增加、修改和删除信息记录。

2. 信息查询

该功能对所有授权用户开放，教师管理信息系统合理地发布信息内容，让用户能够快速、准确地检索、查询到相关信息，摆脱了原有的手工劳动。本系统可以单条件、多条件进行查询，包括单个查询、分校查询、组合查询三种类别，如可以按照学科带头人、学术骨干、普通教师三个等级来查询相关教师信息，满足了不同用户的需要。

3. 信息统计

根据条件对有关教师数据进行统计后输出的过程。可以对教师的人事信息、职称信息、教学信息、科研信息、培训信息、劳资信息进行统计，也可以按照学校的类别进行分校统计，系统能够自动生成统计表，有助于决策支持子系统的开发。

4. 信息打印

在打印功能上，数据库的查询结果和统计结果都可以打印。和信息统计一样，也可以按照需要的不同，进行单个打印、分校打印、分类打印等。

5. 信息交换

利用远程传输的方式完成数据的录入、发布、查询与交换等功能，在教师管理过程中全部应用了网络技术，彻底实现教师管理工作的信息化。各部门的教师管理信息集中到中心数据库，中心数据库利用互联网络平台实现数据的远程交换，使教师管理工作减少了中间环节，节省了信息传送的时间成本，缩短了整个工作流程。

第二节　高校教师信息管理系统设计方案

一、关于系统设计目标

鉴于目前我国高校有不少高校对教师信息管理已初步实现自动化，但从我们了解到的信息分析看出，一些高校教师信息的管理虽说运用了计算机管理，但是有些管理系统不尽完善，有的管理还处于初始阶段，教师活动中的许多信息未能进入系统管理。在管理服务的操作方面因技术原因科学性不太强、运行不太理想，在管理效果上尚未实现其理想目标。因此，我们在此次高校教师信息管理系统设计时，应根据我国高校教师信息管理的现实，制订出"适用范围广、技术性能强、服务界面好，体现信息管理的科学性和实效性"的系统设计目标。

二、系统开发理念

高校教师信息管理系统的设计与开发，首先要考虑的问题是管理系统的适应范围。适应性及范围应从两个层面上思考，其一，适应于不同类型高校用户。本管理系统设计以面向我国各种不同类型高校教师信息管理为用户目标。设计出的高校教师信息管理系统数据库不仅要适应国民教育系列的普通本科院校、职业院校的教师信息的管理，而且还应适用于我国高等教育新办的独立学院、民办高校之类院校的教师信息管理，在高校教师信息管理系统的编程上，应考虑这些院校的个性与特点。其二，适应范围应体现在"基于教师管理内容"的信息系统模块编程设计上。从目前的情况看，有两种高校教师信息管理系统数据库编程方案，一种方案是教师个人基本情况信息加上教师教学、科研的基本状态信息数据的管理，这种方案优点是管理简洁，虽说数据输入、统计、查询信息项目少，但对用户一般意义上的项目信息统计、查询来说，管理便捷。不足之处是，在我国高等教育快速发展的新形势下，高等教育办学形式由普通本科院校单一办学样式向着职业教育、民办教育多渠道办学形式发展；高等教育教学改革不断深入、科学研究不断发展、学校管理不断创新等一系列新情况的出现，不能不对高校教师个人或教师群体带来许多新情况、发生许多新变化，由此带给教师许许多多这样或那样的新信息，在一种"简洁"的信息管理系统的管理之下，会造成许多重要信息的缺失，给高校信息资源管理造成不可避免的损失。第二种设计方案是突破高校教师信息管理的"单一管理人事信息数据"的观念，树立"教师信息资源为国家研究教育事业进步、高校建设与发展、教师成长进步服务"的新理念。为此，高校教师信息管理数据库建设要充分体现出教师信息管理的全面性和信息管理分类的科学性。通过对教师信息管理，全面掌控高等院校教师教学、科研、培养、师资管理诸多环节的信息，为学校发展、学科建设、教师梯队组建、教学质量监控、科研与开发、教师培养等，储存较丰富的信息，为学校发展规划、办学定位、办学效益、教师成长、教育研究、国家与政府的高教管理等，提供全面而又准确的信息，使高校教师信息管理系统对教师信息管理形成丰富而又可靠的信息资源库。因此，在信息管理系统数据库编程上，要优化和完善"信息内容模块"，如：在教师教学信息项目里，不仅要反映出教师所授课程、课时等原始基本信息，而且要把管理的触角深向到教师教学的质量信息、教师教学完成的工作量的信息、教师教学中的精品课程创建信息、教师教学研究信息中去；在教师的科学研究上不仅单单是科研项目多少、科研经费多少，而且要掌握教师在科学研究项目中所担任的角色、研究成果的经济效益、社会效益等影响力因素方面的信息；不仅要管理教师基本信息、教学、科研的信息，而且还要对教师的培养、专业成长与进步的信息，也应纳入信息系统中管理。按照这样的思路和设计目标来设计高校教师信息管理系统，扩大高校教师信息管理的作用和价值。当然，按此思路与目标设计，管理因素是复杂了一些、数据是庞大了一些，但只要我们在设计中筛选编程程序、优选技术，是能够设计出科学、可靠、操作方便的高校教师信息管理系统数据库来，使高校教师信息管理系统成为丰富、高效的教师信息资源库，更好地为国家高等教育的进步、学校建设的发展、教师个人成长提供准确的信息服务。

三、以系统功能需求选配应用程序与数据库

高校教师信息管理系统功能，主要包括信息录入、查询、统计、打印管理和系统维护等部分。其录入与查询的信息管理内容主要是包括基本情况、学历、履历在内的"档案信息"，教学、科学研究、个人业务培养、产业开发与社会服务等五个信息层面；而系统维护管理部分则集中在用户名称与密码的设置、字典与代码的维护、数据的备份和恢复等部分。其功能要求为：①各部分构成独立模块同时能够涉入中央管理系统相互联系；②各部分的信息既可独享、也可共享，从而形成统一的高校教师信息管理网系统。要实现这样的要求，首先要选择好应用程序作为开发与设计的工具，从目前我们搜集掌握的信息情况看，有人利用 Windows 系统平台和 VEP6. 语言设计主程序；也有人利用 JSP 和 SQL server 开发的基于 B/S 模式的教师信息管理系统。以上所述两种应用程序与数据库开发出的高校教师信息管理系统各有长处和特点。如：运用 Visual Fox Peo（即 VFP 模式），是一种面对对象的编程语言，它在功能、速度、能力和灵活性方面与普通数据库管理系统相比较有许多优越性；而对于利用 JSP 和 SQL server 开发的教师信息管理系统（即 B/S 模式），其优点在于：可以较为方便地在网

上查询和统计，并且能生成各种表格和打印，其系统的功能较全，界面友好等。当然，无论我们采用何种方案设计我们的高校教师信息管理系统，我们均应"取众之长"，虽然技术上有可能不能互通，但在开发的思想策略等方面，定要取长补短为我所用。为此，我们开发出的高校教师信息管理系统最起码具备以下几方面基本要点。

（一）系统总体设计

依据高校教师信息管理任务与目的，设计要求有良好和清晰的界面，提供符合实际操作的功能，如：①系统输入数据类型可采用"字符型""数值型""逻辑型""日期型"；②系统输出形式可适配"屏幕输出""查询与打印输出"；③系统结构设计可自顶向下层次化、模块化结构的方法设计；④人机界面与输入、输出格式设计可采用"屏幕表格显示""选择提示""警告语句"等。

（二）系统功能模块设置

系统功能仍按系统设计方法常用的功能模块即可，如：在系统总控模块下内含数据录入模块、数据管理模块、统计处理模块、数据查询模块、打印输出模块、系统维护模块等。

（三）系统安全设计

系统安全设计中要考虑数据备份管理、设置访问密码、设置访问权限等基本要素。

（四）规范代码与编码意义

数据库程序编码、信息项目名称及其代码规范化信息项目名称统一采用国家公布的《高等学校管理基本信息集》中制定的代码与编码。规范代码与编码的具体意义是使我们设计出的"系统程序"具备广泛的共性；方便推广应用、网络链接和客户再次开发等。

（五）操作方便，适应各类不同用户相关人员的实际操作与管理

我们设计开发出的高校教师信息管理系统面向高校相关教师管理部门，而教师管理内容涉及教师个人、教师教学、教师科研与开发、教师培训与培养等各个方面，有关高校有可能将教师的信息管理分类、分块、分部门甚至分别由相关个人管理，尤其是对于初级用户或初学者而言，可提供以机器为主导的会话形式，尽可能地给出更多的帮助提示信息。这样，我们在设计时应尽可能顾及众多用户的不同类型人的操作与管理，从技术的观点出发，尽量让使用者在进行操作时使用"选择"与"导入"两种方法，降低了数据的差错发生率，并保证了使用者的操作界面允许误差，并在发生故障时，及时提供操作状态提示和故障提示，引导使用者纠正。同时，使用户界面具有一定的容错率，当出现错误时能及时正确地给出运行状态指示和出错信息，指导用户改正错误，使用户界面具有可靠性，尽最大可能优选设计技术，使数据库管理系统体现出易用性、易记性、易识性。另外，还应该重视数据管理系统的多种输出，如查询、统计、打印等，使资料的使用最大化。

（六）注意数据间的关联性

由于大学师资资源的多样性和知识的应用范围，必然会影响到其在教学中的应用。系统内部会包括若干个子系统（如：系统的延伸与第二次开发等）和多功能模块。对此，要注意借鉴现有的经验，设计出系统内部子系统与各信息模块的协调，成为一个整体，使各子系统数据在某一信息模块之间形成相互关联，使得它的变动和变动结果能够全面而周密地涵盖所有相关的资料，保证各个相关资料的相关性。另外，数据编码、名称、内容等方面要做到统一，互相连接。

（七）提供二次开发端口

在开发与设计系统应用程序时，应该为不同类型高校、不同类型的管理目的用户着想，为其提供一定空间（即程序接口或端口），继续开发出个性与特

色的数据库子系统。

总之，通过对高校教师信息管理系统的研究与开发，推动高校教师信息管理的自动化、科学化、规范化。

第三节　高校教师信息管理系统软件研究与开发

一、系统需求分析与设计

经过对湖北省各院校（部委属高校、省属高校、独立学院、高职院校、民办高校）以及有关部门用户需求的调查与研究，认为目前我国高校的教师信息化建设还面临着如下问题：

（1）信息存储场所分布较广：学校内部各种人员的信息分布在不同的单位，其数据的统一性很难得到保障。

（2）资料的完整性不足：各单位独立，缺少对人员资料的收集与整理、人员资料的整合，各单位资料的重复输入，造成资料的完整性不能保障。

（3）数据的精确度低：收集数据的地点不统一，各单位间的协作不足；数据的精确度很难得到保障。

（4）资料的格式多种多样：不同的部门信息化过程不同，不同的信息保存和保存方式不同。同时，因为应用程序和资料的形式存在着一定的差别，使得对其进行全面的研究变得困难。

（5）上级领导单位以及学校领导者难以及时得到最新最准确的综合数据信息，不利于及时作出和调整决策。

在日常管理过程中，我们经常需要对教师信息进行纵向或横向的统计、筛选、比较或分析，正是由于上述教师信息管理存在的问题，致使我们无法及时或准确地获得较为复杂、综合的教师信息，从而在一定程度上影响了管理效率。在我国的高等教育发展迅速的今天，对高校师资队伍的信息化建设也日益迫切。必然难以适应日益繁杂的教师信息工作，因此，我们需要研究、设计与开发一个能够适应实际管理工作需求的教师信息管理系统。

（一）　系统需求与目标

设计、开发高校教师信息管理系统，目的是帮助教育主管部门或各高校领导能够及时全面了解和掌握高校教师的教学、科研、培训进修等等信息，并对其进行横向、纵向的分析与比较，根据实际情况，依据科学的指标体系，及时调整管理目标、制定相应的管理措施，促进教师教学、科研、培训等方面的工作。同时建立共享型教师信息数据库，取代传统的落后的手工管理方式，不仅可以有效控制教师信息的一致性，避免重复建档，还可以大大提高各有关管理部门的管理效率。

根据教师信息管理的实际情况分析，我们认为此系统应该满足三种管理需求：信息管理、信息查询、信息综合分析统计，据此建立四个模块，即信息管理模块、信息查询模块、信息综合统计分析模块、权限管理模块，设计信息项包括教学、科研、培训进修、劳资社保等等情况。

（二）　系统设计

（1）身份验证问题：本模块分权限对不同的管理员进行不同的限制，超级管理员、校级管理员、校部门管理员，分别只能对自己管理职责范围内的内容进行录入、删除、修改。

（2）信息统计模块，以省市、高校为统计范围和统计学科带头人、学术骨干、普通教师等为类别，统计教师的教学信息、科研信息、劳资社保等等信息。

（三）　子系统拓展设计

本系统主要是通过高校的超级管理者管理本校教师的教学、科研、培训进修、劳资社保等等信息。但是，由于这些数据及相关管理业务又分属各个不同部门不同科室，同时各部门各科室的业务和职能都有所不同，还有涉及部门机要秘密、不便公开的数据等等问题，因此，我们不便开发统一子系统，各个高校用户可以根据系统设计提供的统一接口，进行开发合乎本校管理实际的子系统。比如，教师的教学情况一般是由高校教务处管理；教师的科研情况由科研处管理等。而对这些相关业务详尽管理子系统的设计，亦可在我们"高校教师信息管理系统"之下由相关业务管理部、处、室开发子系统归并到本系统的管理之中，这也是我们高校教师信息管理系统研发人员特意预留的空间，我们认为这样做更能贴近各用户的实际需求，也更能靠近信息管理系统程序设计的科学性。在此，我们以"科研信息管理子系统数据流程图及系统功能模块"为例探讨科研子系统的设计。

各高校依据这样的模式设计开发教师科研信息管理子系统，添加相应信息过滤、权限管理，最后向中心服务器提供本校教师科研信息数据，所有高校教师科研信息数据集中汇总到中心服务器，这样就能够较完整的实现高校教师信息管理系统之"科研信息管理子系统"了，从而实现各级教育主管部门对教师科研信息的了解、掌握和分析。

二、数据库系统设计

在信息系统管理中，数据库的设计是极为关键的环节。为了减少数据的冗余，保证数据的完整性和一致性，提高数据的并发性能，设计的过程要做到简单、方便、快捷。本节所设计的数据库具有如下特点：①遵循第3范例（3NF），尽可能减少数据的冗余；②采用外部键联合方式，在不同的环境下保持一定的冗余，从而加快了对数据库的存取；③采用交易级别的操作，确保数据的完整性和一致性。

由于教师的基本信息与其他信息（例如科研项目等）存在某种联系，而这些信息本身的性质决定了它们不能同时存在于同一张数据表格中，因此，在数据库中，我们把数据分为若干大类，每个大类存储在不同的数据表格中，它们之间的关系（例如，老师编号）。在这个项目中，有两种类型的数据库关联：一对多关系和多对多关系。一对多的关系，指一张资料表格中的一条记录，当它被一个字段映射到另外一张数据表格时，会产生多条记录，同时，另一张数据表格的记录会被映射到第一张数据表格上。多对多的关系是指当一个数据表格中的一条记录被映射到另一条数据表格时，它会产生多条记录。比如：教师与科研课题是多对多的关系，一个老师可以同时承担多个研究课题，而一个研究课题也可以由多名老师共同承担。

通过分析得出的相应关系，软件设计中包含教师基本情况表、教师学历简历表、培训进修表、教学质量评估表、教学工作量表、精品课程表、科研项目表、科研著作表、科研论文表、科研专利表、科研其他表，还有其他子表，如某一省、市区域内学校名称表、专业职称表、专业职称表、政治面貌表、教师类别表、科研项目类型表、科研项目类别表、科研项目角色表、科研论文著作类别表、科研论文著作者角色表等。除上述基本表之外，还有关联表，例如：科研课题与教师基本资料联结表、培训进修表、教师基本资料联结表、教师担任教学任务表、教师基本信息联结表等。

第四节　高校教师信息管理系统的开发与延伸

一、高校教师信息管理系统开发的原则

高校是一个动态和开放的系统，教师信息管理系统从信息流的角度反映高校教师管理的业务流程，在设计、研发高校教师信息管理系统的过程中，我们始终遵循以下一些原则。

（一）创新原则

高校教师信息管理系统不是简单地用计算机模仿传统的手工作坊的方式去进行信息管理，应该利用计算机的多种功能，对传统的大学师资队伍进行信息化改造；要根据学校的实际情况，对学校进行信息化建设。想办法运用它来解决教师管理者一直认为应该做好而又没有做好的一些工作，消除高校教师信息管理过程中的一些薄弱环节。应该通过管理系统的应用实现高校教师信息管理工作的创新，因此，我们在高校教师信息管理信息系统开发过程中始终贯彻创新思想。比如：我们在本系统中增加了精品课程管理信息。

（二）面向用户原则

我们设计、研发高校教师信息管理系统的目的是通过及时、准确地收集、整理、加工高校教师管理过程中的信息数据，实现信息的及时传递和共享，为

学校和各级教育主管部门在教师队伍管理中的计划、控制和决策提供信息咨询参考和辅助支持，使高校教师管理的各个环节联结为一个整体的系统。在高校内部系统，涉及教师管理的业务分属多个不同的部门，如，教务处对教师教学情况进行管理，科研处对教师的科研情况进行管理，人事处对教师的基本信息进行管理等。不同的业务管理部门对教师管理的侧重点不同，对教师信息点的关注度也不尽相同，对信息管理系统的需要也就有所区别，因此，我们在开发高校教师信息管理系统时尽可能做到满足各个业务部门管理工作的实际需要。为此，我们在开发此信息管理系统之前，对各个不同业务管理的信息管理需要进行比较全面的调查和分析，在管理系统信息项的设计方面尽可能做到全面、翔实，以最大程度地满足不同业务部门的不同需要，同时，我们在程序设计上预留了较大空间，不同业务部门可依据部门管理实际进行便捷的二次开发。

（三）信息相关性原则

高校教师信息管理系统是多个子系统组成的，包括教师基本信息子系统、教学信息子系统、科研信息子系统、进修培训信息子系统，各子系统构成了信息系统的一个重要组成部分，整个管理系统的功能并不是各个子系统的简单相加，而是要实现1+1大于2的效果。每个子系统既有各自的职能，也有相互关联、相互影响的作用，并以一条信息链将各自的职能连接在一起。如果一个子系统的信息发生了变化，其他子系统也会动态地发生相应的改变和调整。因此，我们开发高校教师信息管理系统时不是孤立地设计某一个子系统而不考虑其他子系统，而是坚持信息相关性原则，在开发每个子系统时不仅考虑子系统自身的目标、功能和信息处理等，也充分考虑到该子系统与其他子系统的相关性。

（四）动态适应性原则

由于高校内外界环境是在不断地发生着变化的，在教师管理方面会不断出现新的管理内容，原有的管理内容也会随着形势的发展而发生变动，因此，在开发高校教师信息管理系统时，我们充分考虑到这一因素，以保证管理系统具有良好的可扩展性和易维护性，与内外界的管理环境保持相对的实时适应状态。同时，由于计算机硬件、软件和网络技术等因素也在不断发展，信息管理系统也必须能够实现跨操作系统、跨数据库平台实现数据访问与处理的内外界共享，因此，我们采用了比较先进的开发技术和手段使管理系统具有较强的动态适应性，在程序设计方面也留有一定的余地，便于日后的变动、增加和更新等。

二、高校教师教学质量信息管理系统的延伸

依据信息相关性原则，本系统在设计和开发的过程中，改变以往高校教师信息管理系统只注重收集教师教学工作量等基本信息的思路，在收集教师教学基本信息的同时，更注重收集教师课堂教学质量评价的信息资料，从而使本系统方便教学质量监控部门的使用，同时，对于人事部门进行教师职称评审时更好地把握教师教学质量状况，能节省大量的人力和时间，方便可靠。

（一）教师课堂教学质量评价指标体系设计的原则

教师课堂教学质量评价指标体系的设计必须根据教学规律，顺应素质教育与培养目标的需要，把握本质属性，筛选出影响教学质量的主要因素，并将之作为衡量标准。由于多种因素对教学质量有一定的影响，所以不能做到面面俱到。本节认为，教学态度、内容、方法、效果四大要素构成的评价指标是评价教学质量的重要依据。但是，由于评估对象的不同，各要素的影响也不尽相同，相应的表现要素也不尽相同。一个单一的因素，无论是从教学内容到教学方法，都无法反映一个教育的质量，而教育质量的好坏取决于各个因子之间的交互作用。因此，在依据不同评价主体进行指标体系设计时，我们遵循以下原则。

1. 导向性原则

教师对教师进行课堂教学质量评估，既能确保教师的教学质量，又能起到引导作用，但也会带来消极影响。评价是评价教师教学质量的一个重要环节，它必然会受到老师的关注，从而在不知不觉中，以条款的形式来引导学生的教学，造成每个人都有自己的教学风格，从而影响到学生的多方位思维，从而形成百花齐放、百家争鸣的风气。为了防止这种消极影响，在制定指标时，除了要达到基本的要求之外，还要从目标、效果、能力培养三个方面加大力度，发挥引导作用。

2. 简单具体及可操作性原则

指标是一种具体化的评估标准，指标越明确，操作起来就越方便。能看到的细节越多，主观因素越少，客观上越能降低评估的错误，越能提高评估的有效性。因此，我们现在将四大要素组分解为几个特定的指标，并给出了一个 A、B、C、D 的评价等级。清晰明了，层次简单，能让学生在 2~3 分钟之内快速完成。

（二）教师课堂教学质量评价指标体系

在教师同行进行质量评价时，其指标体系侧重于对被评价教师教学内容的组织、规范和科学性等，主要包括：积极参加教研室或课程组的教研活动；治学态度严谨与否；协助精神状况，是否能合理承担教学任务；是否熟悉教学内容并能不断更新；教师的教材处理能力表现状况；授课重点把握及讲授效果；教学启发性；现代化教学手段的灵活运用等。

在管理人员对教师进行教学质量评价时，则侧重于对教师教学规范、教学组织、教学计划执行等方面的质量评价，其指标体系包括：教材及参考书的选用；教案及教学计划完备状况；教学计划执行情况；课堂教学组织状况；考试管理规范与否；教学改革与研究情况等。

在学生对教师教学质量进行评价时，又侧重于对教师教学方法和手段运用、教学态度、教学效果、教学指导等方面的质量评价，其指标体系包括：参考书是否符合课程学习需要；教师课前教学准备情况；讲授过程中是否能做到条例分明和重点突出；教学中能否注重培养学生思维和创新能力；师生互动与教学是否具有启发性；知识点之间的衔接与系统性；教学态度是否热情、公平公正等。

第六章 "互联网+"下大学生创新创业管理的发展与创新

第一节 创业教育体系建设

一、创新创业教育机制

要推动创新创业教育的发展，需要学校、社会、政府的多方参与。创新创业教育涉及学生、教师、政策、资金、学校、企业等各个环节，是一个有机的整体。我们认为，创新创业教育应该从职业教育入手，从师资、教材、课程、实践四个方面入手，从而形成一种良好的产学研合作关系。

（一）科学定位创新创业教育，有机融合专业教育体系

长期以来，我国对创新创业的重视不够，实施的标准也不尽相同。要改变这一现状，就必须对创新创业教育进行科学的定位。创新创业教育很重要，但是，如果脱离了职业教育，那就是一句空话。本节认为，加强高校学生创新创业与职业教育相结合是我国高校创新创业教育的一个重要课题。从学生的全面发展出发，将创新创业教育逐渐纳入素质教育的范畴，并贯穿于整个教育管理工作。在课程设置、师资建设、人才培养等方面，要把学生培养成创新创业的受惠者，培养创新精神，提高创业能力。

（二）充分发挥专业优势，鼓励引导个人发展

在实施创新创业教育的过程中，要注重突出和突出专业特色。首先，不同

专业的创新与创业在内容上存在较大差异；而对大多数学生而言，如果没有自己的专业特长，他们的创新与创业品质就无法得到保证。所以，在不同的学科领域，要充分发挥自身的优势，结合相关的创新创业实践，进行有针对性的培训和训练，而盲目的开展创新创业教育，往往会导致效果不佳。另外，在创意创业教育中，要重视个别同学的个人兴趣和专长，让创意与创业的内容多元化，即使不涉及自己的专业，也要鼓励和指导学生的成长。

二、构建创新创业教育体系实践经验

中南大学能源学院自实施创新创业教育以来，通过多年的探索和实践，在学院领导的高度重视和全体师生的共同努力下，逐渐建立起一套具有自主知识产权的创新创业教育系统。具体的工作可以概括如下。

（一）制度建设

在学院层面，进一步制定并完善了"大学生创新创业训练计划实施办法""大学生创业培训计划项目与资金管理办法"等相关制度文件。从项目的组织申报、立项、实施、验收等方面，都有明确的要求，并明确了导师在工作量方面的补助、奖励和考核办法；中南大学能源科学与工程学院为大学生创新创业培训工作提供了制度基础和政策支持。

（二）项目建设

学院每年从 10 个优秀的项目中挑选 10 个，作为前期的资金支持。在国家财政拨款政策中，明确了项目申请、评审、经费监督等具体措施，并已落实到位。鼓励和激励同学们大胆创新，成立专业教师，为同学们提供优秀的点子，由导师来指导，重点培养有潜力的项目。

（三）团队建设

中南大学能源科学与工程学院成立了创意社团和学科竞赛协会，让学生们通过共同的兴趣和兴趣来实现智慧、激情、活力的碰撞。团队采取自我管理、教师辅助指导的方式，以提高学生的创新意识和创业能力，特别重视团队合作。经过专门的研讨和实践的交流，许多简单的创意逐渐成熟为国家级和省级创新项目。中南大学能源科学与工程学院的团队建设非常重视继承和发扬，在一个队伍里，既要有大三、大四的老将，也要有一、二年级的新成员。

第二节 大学生创新创业问题和策略

随着大学毕业生数量的增加，大学生的就业问题日益凸显。创新创业是当代大学生面临严峻的就业形势所要慎重考虑的择业新模式。

一、大学生创新创业中存在的问题

（一）创新创业教育体系不完善

在国内，创新创业教育离真正的学科还很遥远，许多大学并没有将其纳入高等教育的主流教育体系，更没有建立起较为完善的理论和理论框架。在高校内，尽管对大学生进行了一些创造性的工作，但仍然普遍存在着"功利性"型的教育观念，有些高校的教学主管认为，"创新创业"就是对大学生毕业后的就业和创业提供指导，而"创新创业"则是为那些有困难的专业、学生提供创业的思路和方向。从这一点可以看出，目前多数大学并未将其从教育层次上进行，也未将其纳入学校的人才培养计划中，有些措施还停留在技术创新与理论创新等方面。

（二）创新创业教育理念滞后

我国大学的创新创业教育起步较晚，思想观念相对滞后。目前，许多大学已经认识到了创新创业教育在学生中的重要性，并在课程设置上过分强调专业知识的培养，使其与创新创业的内容相融合，许多学校仅仅把创新创业教育作为普通的必修课，教师讲授流于形式，学生应付老师，这就是创新创业教育理念的落伍。大部分高校仅注重于通过举办"创业竞赛"等活动来提升大学生的创新能力。而创新创业教育则应该是培养大学生创新意识、增强创业意识、提高创业素质、培养创新创业人才的重要途径。

二、解决大学生创新创业中存在问题的对策

（一）构建完善的创新创业教育体系

大学必须重新调整与改革已有的创新创业教育制度，重构与健全系统的课程结构。在实施创新创业的过程中，要做到多元化的人才培养方式和个性化的人才培养计划，建立起一套科学、合理的教学系统。针对具有创新精神和能力的大学生，可以制定个性化的教育方案，设置创业类的专业课程，强化实验室和实习基地，适当延长实验与实习时间，提高学生的科学研究和实际操作能力。大学生要在大学生中开设创新创业教育课程，以培养其创新意识、提升其综合素质、促进其自主创业、发展其创意思维、培养其创业精神、培养其间接创业经验。

（二）提升创新创业教育理念

我们必须深刻地意识到，要适应我国的经济、社会发展，建设创新型国家，首先要培养具有创新精神的人才。要改变传统的教育理念，培育具有创造性和创造性的企业家精神。

首先，要转变思想，切实落实创新创业教育，为培养创新型人才创造良好的体制和文化环境。其次，要改变教学理念，重新认识创新创业教育的目标与意义，要端正对待创新创业的态度，要把课堂教学做好，把每个实习环节都做好。第三，要转变思想，认识到开设创新创业教育课程，事关自己的工作和未来的发展。所以，要对有关的知识进行深入的研究，以求达到自己的理想。

第三节　新时期大学生就业能力提高策略

如何切实增强大学生的就业能力，增强其就业竞争力，是当前各高校亟待解决的重大课题。大学生就业能力的提高是高校人才培养的重要目标，是落实

"以人为本"教育理念，促进大学生全面发展、健康成长成才的必然要求，亦是推进全面建成小康社会、实现伟大中国梦的必然要求。

一、大学生就业能力的现状

目前一个普遍的就业现象是"高校毕业生就业难，企业招聘难"。大学毕业生就业难主要受结构性失业和就业观念的影响，究其深层原因在于大学生就业能力不足。高校毕业生就业能力的缺失，主要体现在以下几方面。

（一）就业期望值高

有些毕业生的眼光总是很高，不能正确认识自己，期望自己找到既舒适又高回报的工作；有相当多的毕业生在大城市、大企业等领域工作，不愿参与国家或当地的工作，不愿意到相对偏远地方就业；由于受计划经济和社会观念的影响，很多大学生仍然对"铁饭碗"感兴趣，不愿意到中小企业工作，一心想考公务员或者进事业单位。这种预期和就业观念对大学生的择业观、价值观的形成都有很大的影响，并且与实际的就业需要发生冲突。

（二）专业技能不足

由于我国高校的"市场化"观念较差，一些院校的专业课程设置与市场脱节，毕业生的专业素质和技能水平不高、理论知识不够扎实，是制约其就业的主要原因。此外，一些大学生在校期间也不注重自身专业素质的积累和提升，在面临就业时，自身的专业素质和专业技能不能达到用人单位的要求。

（三）实践能力弱

当前，我国高等教育普遍存在偏重理论教育而不太重视实践教育的现象。特别是有些本科院校，在人才培养方案、人才培养过程中忽视学生实践能力的培养，往往培养出眼高手低的毕业生。这些学生社会阅历浅，社会实践能力差，社会适应能力低，动手能力不足，企业在招聘时，实践能力弱的学生一般不能满足招聘单位的要求，顺利就业比较困难。

二、提升大学生就业能力的对策

会做事，会做人，是现代职场所看重的。相关调查显示，职场对大学生就业能力的要求中，排名前十的专业能力是沟通、沟通、协调、心理承受、管理、独立工作能力、书面表达能力、组织能力、创造能力、口头表达能力、分析能力。提升大学生的就业能力，势在必行，政府、高校、家庭应该共同努力，合力提升大学生综合素质和能力，促进大学生顺利就业。

（一）政府加强政策支持

政府应发挥应有的社会管理职能，要准确把握高校的办学方向，要在专业设置、人才培养等方面加强调整与监督，使人才培养规模得到最大限度的调节，并引导高校为适应市场经济而进行改革。同时，国家也要继续制定有利于大学生就业的相关政策，以提高当地大学生的就业能力。另一方面，要积极营造当地就业环境，营造大学生就业的良好氛围，加大政策力度，积极引导大学生参与"三支一扶""大学生村干部""西部志愿者"等国家和地方基层就业项目，拓展大学生就业途径。

（二）增强大学生的就业意识，改变就业观念

当前，"90后"大学生大多数都是被父母"娇生惯养"的一代人，他们中一部分学生就业意识薄弱，不着急找工作或者不就业情况客观存在着。因此，要提升大学生就业能力，首先应从大学生主观意识如价值观和择业观入手，提高大学生的就业意识，提高他们的就业观念。通过对大学生的职业生涯规划和就业动员，使他们在入学之初就确立自己的职业理想与职业目标；提高其就业意识，而不是消极等待工作，甚至对就业采取无所谓的态度；同时，高校应大力宣传和鼓励大学生到基层就业，转变大学生一些不切实际的就业期望，根据大学生的实际情况，改变其就业观念，帮助大学生顺利就业。

（三）提高大学生专业素质和人格品质

只有具有扎实的专业基础知识，具有较高的职业素养，才能得到雇主的青

昧。但是现在的大学生教育中,有些老师和学生都不太重视专业基础知识的积累和专业技能的提高。因此,高校应引导老师和大学生高度重视专业知识储备、专业素质的养成。高校在人才培养和学位授予等方面都要狠抓大学生专业素质培养和提升,这样才能培养出社会需要的人才。

此外,用人单位要求的人才必须是具备诚信、正直、责任感、忠诚度等人格品质的人。因此,提升大学生的就业能力,需要注重强化大学生的职业责任感,在学校教育中,通过思想政治理论课、学校团学活动、校园文化、讲座报告、社会实践等形式培养大学生的良好道德品质,促进大学生的诚信意识、责任感、意志力和合作能力等人格品质养成。

(四)利用家庭影响提升大学生就业能力

家长的个性特征、文化程度、工作类型对孩子的成长有很大的影响。父母的知识、能力结构、文化程度等因素,直接影响到父母在家庭中的"教师"角色,进而影响到孩子的健康成长。在日常生活中,要提升大学生的就业能力,父母应该以身作则,为孩子树立榜样,做孩子成长的引路人,知心朋友而非掌控者,着重培养孩子的独立性、自信心、爱心、感恩和合作意识。在孩子面临就业时,父母应该发动一切社会关系,为孩子多安排实践活动。尽量为孩子提前找单位实习实践,让孩子提早了解社会,适应职场,了解用人单位的用人需求,以便更好地适应未来职场,提升就业能力和就业竞争力。

总之,高校毕业生的就业与其自身发展、家庭稳定、社会和谐息息相关。大学生就业能力提升可以在一定程度上缓解大学生就业困难。提高高校毕业生的就业能力,需要社会、学校和家庭的多方协作。关于大学生就业能力培养问题的研究还需各位学者继续摸索,以便更好地指导大学生就业能力培养,帮助大学生顺利就业。

第四节 基于大数据管理的高校毕业生就业监测预警系统

21世纪,随着移动计算、物联网、云计算、网络社交媒体等一系列新兴技术的出现，网络时代正以一种前所未有的速度发生着变化，它预示着一个大规模生产、共享和利用数据信息的时代即将到来。大数据时代的来临，已经引起和推动了人类生活、工作、教育等各个方面的变化。在当前高校毕业生数量创新高、就业形势严峻的情况下，能否充分利用大数据优势特点一产生速度快、多样化、多方交互性等，构建一个高校毕业生就业监测预警系统，实现对大学生就业的实时监测，更加科学合理配置大学生资源，缓解大学生就业压力，这显然是一个值得思考与研究的问题方向。

一、就业监测预警系统的概念界定

（一）预警

预警是指通过构造能反映被关注的目标的指标，对其进行监测、监控和预测各种突发事件。从逻辑上说，预警应该包含以下几个步骤：明确警情、寻找警源、分析警情、预测警情。在此，明确警义是主要的先决条件，是预警研究的基础，而寻找警源，分析警兆，就是对警情要素的分析和定量的分析，而预警的目标就是预测警情。

（二）高校毕业生就业预警系统

大学生的就业问题是在我国刚刚兴起的，关于其预警机制的研究还处在初级阶段，相关的研究成果也不多，国内学者对此也没有一个权威的、标准的定义。本节将大学生就业预警体系界定为：政府、高校、就业机构根据社会、行业对人才需求的需求，根据既定的科学方法和技术方法，对大学生就业相关的影响因素进行监控，并对高校和各个专业的就业形势进行纵向和横向的评估，通过信息分析预测就业形势的变化，根据警戒线发布就业预警的制度。

二、基于大数据管理的高校毕业生就业监测预警系统

（一）信息收集监测系统

大学生就业信息采集与监控是大学生就业监控预警体系建设的首要环节，

是企业内部工作流程运行的基础。它的作用是：利用特定的信息收集渠道和监控技术手段，对五大体系中的大学生就业影响因素和行为进行监测：政府方面，比如大学生就业促进政策、就业率统计；高校招生规模、专业设置等；就业能力、就业方向等；雇主，例如劳动力需求的变化，雇佣满意度等；就业服务，例如就业信息传播，就业指导等。然后，将所搜集的各因子、行为等预警指标，纳入资料库，以供后续工作之用。

而以大数据为核心的信息采集与监控系统，主要是通过大数据管理平台，实现对企业内部系统主体和外部宏观环境的数据信息进行快速、不间断、及时、全面、多层次、多维度地采集数据信息，同时对数据信息进行集成分类存储。简言之，大数据管理系统的引进，为采集和监控系统增加了一个强有力的数据采集和整合平台。

（二）信息统计分析系统

信息统计与分析体系包括"数据库""参数库""数理模型"和"统计分析技术方法"，是一种与信息采集和监控系统一样的早期预警体系。区别在于，信息采集和监控系统主要负责搜集与各个系统相关的要素和行为，并将其存储在一个数据库中；该信息统计分析系统主要是利用信息采集监控系统所采集和整理的数据库数据，利用多种数学模型对数据进行统计和分析，并将其与相关参数的标准值进行对比，得到一份统计分析报告，并将其发送到下一个子体系中，即"职业危机预警"。通过应用大数据管理系统，可以把数据处理库和数据处理库结合起来，根据行业和专业特点，对数据库中的数据进行选择性的处理和分析，最后将关键信息集成在一起，形成有针对性的数据分析。

第七章　基于大数据环境的高校教育管理发展与创新

第一节　基于教学大数据的教学管理系统

随着科技的进步和高校教育的发展，教学的信息管理手段在教务网络管理系统上也由单一向综合过渡，这一发展不仅有利于综合教学管理水平的提高，而且能够促进综合教学管理效率的提升。大数据、云计算、智能化等概念的普及与应用，促使师生、教务管理人员对教务系统有了更高的要求。使用大数据的意义在于，对用户所要调查的一个事件能够进行多方面调查，并形成综合数据，对于用户的决策提供依据，促使工作更加高效，决策结果更加科学。目前，全国大部分高校都在采用数据化的方式提高教学水平，需要思考的问题是，如何利用大数据的有效性等变现，从而提高高校综合教学管理系统的质量水平和效率，进而促使高等教育人才培养目标更好地实现。

一、大数据时代对学校教学管理系统的影响

无论是现在还是将来，大学的管理体系都需要海量的数据做支撑。随着信息技术以及大数据技术的飞速发展，高校教学管理系统的方方面面都受到了极大的影响。

（一）大数据时代对教学管理系统决策的影响

现阶段，大部分高校还是采用传统的教学模式，教师在课堂上占据主导地位，教师和学生的角色内涵都很单一。教师要做的就是站在讲台上不停地讲授

知识，学生则是坐在座位上单一地听。在这种教学环境中，学生学习到的知识完全取决于教师，这对教师的综合素质要求较高，教师扮演的是一个领导者角色，学生则是依附教师的存在，基本上没有自主思考和学习的机会。这种教学方式比较封闭，容易引起教师和学生之间的摩擦和矛盾，也不能做到因材施教，不利于学生的综合发展。

将大数据引入学校教学管理系统，具体可以体现在对教学的支持上。教师利用大数据对每个学生的个性状况和学习进度进行数据收集和分析，根据学生的差异性为他们做出合理正确的学习方案，从而促进学生的全面发展，真正做到因材施教。大数据的优点是，它所收集到的数据与老师们以前的主观判断是不一样的，它具有科学、客观的数据基础，可以更好地帮助我们促进教学管理的发展，也可以促进教学管理系统建设的科学性和有效性，还可以对学生进行个性化的管理。

（二）大数据时代对教学管理系统业务的影响

一般而言，各大学的教学管理工作主要有：人才培养计划、教学实施计划、质量监督、学籍学位管理、教学过程资料管理、教师课程安排、学生课表、学生学业资料等，其中包含着海量的信息，而且内容丰富、繁杂。如果不能对这些信息进行科学、有效的管理，将会造成教学管理工作的不规范性，造成难以预料的严重后果。当前，高校要充分运用大数据，加强教学管理工作的科学性和实效性建设，这也是当前高校应着重思考的问题。

高校在新时代看到了新技术给学校教育教学带来的新形式，比如，移动学习、在线学习、虚拟学校、云课堂、VR/AR 教育等。这些变化带来了数据的积累，利用数据可以提升教育质量。学习者利用数据进行深层次学习，学习提供者利用数据对学习内容和学生的学习情况进行分析，进而更好地改善教学方式，教学管理者则是关注教育教学整体的数据价值。举例来说，利用指纹、移动APP 记录考勤，这样可以更直观地看到学生的考勤情况。还可以利用大数据对课堂进行实时监控，教师可以课后对课堂视频进行观看，对自己的教学状况能够有一个更直观的了解，并且了解学生的课堂情况，以便在下次课堂做出适当的调整。教学管理系统业务通过大数据对行政流程进行优化，从而能够提高教学效率，并且节约成本，最终促进教学管理系统业务水平的提高。

（三） 教学管理系统的可预测性增强

运用大数据可以分析教学过程中的各项数据，例如：教室、实验室的使用率、培养方案的实施情况、专业间的关联分析、教学质量分析（优良率、升学率等）、课程评估结果分析等。通过大数据采集教学全过程的信息，运用所搜集到的信息来优化学校的教学管理体系，评价各个方面的发展情况，充分发挥其长处，改进不足，不断完善教育工作。同时，通过对学校行政管理工作的分析，可以为学校的行政决策提供一定的参考，促进教育决策的科学化，加强教育管理的可预见性，促进学校教育质量的进一步提升。

二、综合教学管理系统建设与发展的价值

（一） 系统建设与发展使教学管理工作更加科学、精准

没有根据实际数据做出的决策，往往会出现不能实际操作、确定目标太高或太低的情况。其原因在于，决策者在做决策时并没有对实际情况有一个全面的认知，只是根据有限的信息量凭借空想、经验等个体感觉来制定政策。为了防止这种"拍脑袋"决策的出现，管理者可以借助大数据。大数据在决策中发挥的作用是，对实际情况有一个数据记录，并且可以对这些数据进行分析和预测，促使决策科学化，具有可行性。除此之外，大数据还能对教育教学中隐藏的信息进行深度挖掘，让教师能够根据学生的实际情况对教学方法和教学策略进行调整，对自己的不足进行改善，让教育管理者发现在教育管理过程中的问题和不足，提高决策水平来优化教育管理。

（二） 融合大数据技术的教学管理模式的转变

传统的教学模式，在形式上十分单一，而将大数据技术与教学管理相结合，将有助于推动教学管理方式的变革。大数据的特征并不在于拥有海量的数据资料，而是能够为学生、教师、管理者带来哪些信息。大数据的出现，使得高校的教学管理方式从单一向多元化发展。

在传统的教学方式下，大多数的学生都是依靠教室来完成知识学习的，而

在结合了大数据技术之后，他们的学习途径变得更为多元化。例如，网上有大量的精品课程，可以在网上学习，涵盖各个领域，适合不同的学生。除了拓宽学生的学习途径外，大数据还可以促进教师的课堂教学。在课堂教学中，教师可以运用资料进行数字教学，促进课堂的高效、开放和多元化发展。现在的问题已经不能用经验来解决了，而要用教育的数据来支持。

（三）更科学合理的教务管理实现

高校教务工作的内容是多种多样的，涉及学校、教师和学生的各种活动，在处理过程中往往会出现一些错综复杂的情况。由于缺少数据，要花费大量的人力和时间来进行数据的再核对和管理，从而导致资源浪费。通过与大数据的融合，可以促进教学管理的智能化、科学化，实现个性化教学，提高教学评估的公平性。比如，近几年来，大力提倡和全面推行素质教育，改革"唯成绩论"的评价方式，但用传统的方法对学生进行全方位的评估很麻烦，而运用大数据，可以使教学评估更有效、更简洁，与此同时，评价还可以把主客观结合、过程与结果相结合，既重结果也重过程。

三、综合教学管理系统建设的主要任务

（一）重塑规则、标准化建设与顶层设计

任何事物都有其发展的规律与准则，其中也包括大数据。当前，我国大学的教育数据资料尚有一些未与大数据结合、发展的内容，这些内容并非技术层面的问题，而是有关校规与标准的制约。在数据的分类上，要有一个统一的规范，这样才能防止数据过于混乱，同时也要建立一个关于大数据的共享规则，以推动大数据在高校管理中的系统化发展。

（二）优化重组布局，对现有业务系统的调整

随着各种应用在学校教学管理中的不断深入，对教学管理工作提出了更高的业务需求。当前许多企业的业务系统开发框架和技术线路陈旧，缺乏支持业务拓展的装备，更无法适应高校的个性化、多样化教学需求。通过构建流程化

的管理机制，对管理流程进行追踪和监测，使工作流程化，简化操作，使工作透明化，进而达到对现有业务体系的优化、实现高校管理工作的条理化、层次化、智能化。

（三）建立可靠的数据管理和保护机制

在学校引进大数据技术的同时，也要重点关注大数据的共享特征。学校的海量数据涉及师生和学校的各类数据，如果被不法分子窃取，造成的影响是难以估计的。为了保障校园内教师和学生的数据安全，必须建立一套可靠的数据管理与防护体系。

第二节 基于大数据的高校学生综合测评系统设计与实现

一、学生综合测评系统设计

（一）系统设计原则

在系统和技术方案的构建过程中，项目团队成员要按照以下几个原则进行设计，以保证系统的可操作性和可再生性。

1. 统一设计原则

从整体、长期的观点出发，全面地考虑系统的建设方法、数据模型、数据存储体系、系统功能的扩展。

2. 先进性原则

应用目前已广泛应用的技术、软件、硬件设施以及与世界接轨的先进技术构建系统。与传统的三层架构相比，本节所使用的是目前最受欢迎的 Hadoop、Spark 等开源系统，这些开源软件系统稳定，并且具有成熟的社群及文件资料。

3. 高可靠和高安全性原则

在系统和数据结构的设计中，必须充分考虑到系统的可靠性与安全性。在安全设计中，要有多种系统安全检查和安全措施，以保证数据的准确性和安全性，并保证系统的安全性。为了保护和隔离信息，充分地分享信息资源，需要对不同级别的存取系统进行控制，并对操作权限进行严格的设置。

4. 可扩展性原则

在进行信息系统的设计时，要保证各个功能模块之间的耦合程度不能太高，要做到简洁，以方便系统的扩充，并适应企业今后的发展需求。同时，它与现有的数据库系统相兼容，使整个系统能够随时、任意地升级到新的系统，使整个系统能够顺利地完成转换。

5. 用户操作方便的原则

系统界面要统一、美观、易于操作，并为不同的用户群体提供个性化的操作接口。

（二）系统总体架构设计

在新的信息技术条件下，高校学生评价体系建设必须以云计算为基础，以大数据为中心，以物联网为骨干，以智能感知为主要信息源，对学生的信息进行智能化处理。

1. 物理感知层

学生在校园内，可以利用校园网、无线网登陆"慕课"，并与各类网上学习系统进行日常的学习和交流。学生在使用校园一卡的时候，会在网上留下自己的消费记录和学习踪迹，并利用微博、QQ 等方式发布图片、文字、地点等。利用物联网、校园一卡通及多种感测技术，对在校学生的行为可以进行全方位的感知，并对其进行实时的数据收集，为大数据分析提供数据来源保障。大量的学生资料为利用数据挖掘技术获取学生在学校的日常活动提供了可能性，而物理感知层面则是一座连接真实世界和虚拟世界的桥梁。

2. 网络通信层

在智慧校园的建设中，信息的传递是不可或缺的，它决定着信息的流通，并确保了系统间的信息交流。随着有线网络的迅速发展，移动通信技术也在飞速发展，并逐步占据主导地位。学生们可以在任何时间、任何地点，利用有线、无线网络进行快速的连接，以确保资料的实时传送，目前，学生测评系统的网络建设已具备。

3. 云计算与大数据层

在学生评价体系的建设中，以云存储技术和大数据技术为核心，通过云存储技术对学生的数据进行合理的分析，建立数据挖掘模型，对学生的行为进行评价和预测。在对学生进行评价的过程中，要突出个性化服务的思想，从学生的过去和现在的行为数据中抽取出以往的学习资料和行为资料，采用协同过滤、关联规则、基于内容的推荐算法等机器学习技术，通过分析学生的喜好、兴趣，提供方便、个性化的服务。

4. 可视化层

利用网页设计技术，对学生的资料进行分析和处理，使使用者可以在不同的智能终端上观看并与之互动。在学生评价结果可视化呈现时，要简洁、美观，更多地运用图形等方式让学生的评价结果更直观，并兼顾手机的显示功能，让使用者不论身处何种情境都能看到，为学生提供更好的服务，提高使用者的使用体验。

（三）系统功能模块设计

1. 系统基础平台模块设计

随着高校教育信息化程度的提高，教学活动日益增多，各类系统的部署越来越广泛，产生了海量的与学生有关的数据，种类也越来越多。过去，利用计算机进行数据处理，利用关系数据库进行数据存储，已经不适应目前学生数据处理的需要。在新一轮的综合评价体系基础平台的设计中，应充分考虑和使用云计算技术。

2. 数据中心管理库设计

信息化时代，从入学到毕业，四年的校园生活积累了大量的信息，在入学之后，学校会将学生的资料加入到新生系统中，学生处会建立一个学生的档案，由教务处负责学生的学习，由后勤处负责学生的一卡通，由网络中心负责学生的账号管理，由宿舍管理人员负责为学生准备宿舍，由图书馆负责图书管理，学生入学后的所有信息都会被记录在这个系统里。以往的学生以数字信息为主，资料不多，而如今，由于学生数量的增长，在网络上留下了大量的信息和资料，学校的监视器也会记录影像信息，学生的信息来源也会多种多样，由数字信息发展到文字、影像等多种形式的信息形式，使得信息的储存量有了很大的提高。

（四）系统非功能性设计

1. 系统级安全设计

在系统级安全方面，首先要对系统进行安全设计，以避免校园以外的人进入，增大系统的压力；为了避免在一定的时间内大批用户同时进入系统，限制在线人数；限制使用者登陆，在一定的时间内，限制使用者的多次登陆或设置登陆上限次数。

2. 程序资源访问控制

访问控制是基于身份验证，识别用户的合法身份，根据权限来控制资源访问请求。访问控制是一种可以控制使用者与其他系统及资源的通讯与互动、保护系统及资源的非授权访问，以及为使用者提供不同的访问权限。在学生评价体系的设计中，管理员、教师和学生都拥有各自的权限，操作界面也不尽相同，因此，必须对其进行资源的访问控制。

3. 数据安全设计

学生个人资料包含隐私信息，在资料使用时，须确保资料不外泄，并将资料储存于一张磁盘内，以防止外界人士复制或查阅；在进行数据分析时，要合理选取数据分析结果，确保不能把学生的敏感信息呈现出来。

二、学生综合测评系统实现

（一）系统功能实现

以往，学生的个人资料与生活习惯资料都是储存于传统的关联性资料库中，而为了运用 Hadoop 与 Spark 等工具来处理，则需要透过 Sqoop 子条目，将资料导入 HDFS 的档案系统；或者，由监控视频文件、上网日志等组成的文字节件由 HDFS API 接口编写，然后直接上传至 HDFS；数据处理采用 ETL 工具。以下对它在以上三个方面的具体实施方式进行了详细描述。

（1）将数据从关系数据库转化为 HDFS。学生数据原本存在于关系数据库中，而要利用大数据平台进行数据的处理，需要将数据从关系数据库向 HDFS 进行转化，所以需要使用 Hadoop 生态系统中的 Sqoop 子项目。Apache Sqoop 用于在结构化（关系型数据库）、半结构化和无结构化数据源之间传递数据。该系统充分利用了 Map Reduce 的分布式并行特性，将数据从 Hadoop 或者从关系数据库中导入到 Hadoop 中。

（2）数据的处理过程。在校期间，学生在关系数据库中存储了大量的结构数据，半结构、无结构的文字节件和视频数据，其中包括了学生的学习和生活的动态数据；其中，学工系统、教务系统、后勤系统、图书管理系统都有结构化的学生信息，并通过 Sqoop 子程序将数据转化为 Hadoop 的 HDFS 分布式文件系统；通过 HDFS API 接口编写的软件，可以将微博文本、博客、监控录像等进行上载或者下载到 HDPS 中。在 HDFS 档案系统中，利用 ETL 程序对数据进行预处理、抽取、装入，并利用 Hive、Spark 等数据挖掘工具对其进行分析，然后利用 Web 设计技术对其进行可视化处理。

（二）系统非功能实现

1. 并发用户限制实现

联机同时使用的用户数量可以被称作并发的连接数量。当用户浏览网页时，会在访问者与伺服器间形成连结，亦称并发。一个系统在运行时，可以容纳的在线人数是有限的，所以在开发的时候，需要设计一个在线人数的统计机制，以限制用户的数量，当达到一定数量时，不允许登录。

2. 安全性实现

要在因特网上部署一个系统，就必须要有足够的安全性，要防止各种攻击和入侵，要采取多种措施来保护用户的资料，确保系统的安全。在此项目的开发过程中，JSP 为 J2EE 架构设计了 J2EE，它为用户提供了多种安全策略，其性能如下。

第一，根据系统管理员、教师、学生等不同的使用者设定不同的网络资源，定义安全域、安全角色和使用者。

第二，在发布过程中，必须使用 Tomcat 开放源码，Tomcat 中的安全性领域是为服务器提供安全配置的场所。

第三，在 JSP 程序中，当用户提交请求时，会遭到恶意用户的攻击，而黑客则会采取跨站脚本、HTML 注射、SQL 注射等方法来进行攻击。为应对上述问题，可以采用过滤数据，强化编码人员安全性等方式解决。

第三节　数据挖掘技术用于高校学生留级预警的思维创新

在信息技术与互联网的飞速发展下，科技已成为时代发展的重要趋势。数据是一切发展的基础，同时也是大数据发展的前提条件。现在，大数据的应用范围越来越广，可以实现多种资源的有效融合。

一、基于多数据的学生留级预测思维创新

（一）训练集与测试集的选取

在模式识别与机器学习实验中，一般将其划分为两大类：训练集与测试集。例如，在训练集代入算法模型中建立一个模型来进行训练，然后再将其输入到

已训练的分类器中，从而评价其在预测目标问题时的精确度。

在机器学习实验中，数据分割是非常重要的一步，正确地分割训练集合和数据集合可以提高模型的训练和预测能力。在进行模型的建立、训练和产生分类器的过程中，①要确定训练集合和测验集合在机器学习实验中的作用，而在分类器产生后，则用来评价模型的性能。②在培训集中，抽样数量应超过50%。③在选择训练集和测试集时，两组子集必须均匀地从全集中抽取，以满足均衡性和通用性。

算法需要尽可能地在操作中确保数据的平均分割和采样需求，通常是难以实现的。所以所有的实验都是随机的，虽然随机采样可以保证一定的样本质量，但这种方法的随机性和可操作性实在是太大了。当试验结果不佳或预测效果不佳时，再随机选择其他方法进行试验，直至获得更好的效果，但未必能准确地反映出模型的好坏。

（二）特征选择

特征选择就是从数据特征中选取某一特定的子集，在处理大量数据时，往往会出现样本维度较高、数据量较大等问题。因此，在运用大量据源进行留级预警时，必须采用特征选择的方法，以消除无关、空洞等特征，对算法进行优化，提高其可扩展性和解释性。

二、基于多数据的学生留级预警体系的思维创新

（一）构建基于全程化学业信息的留级预警体系

问卷调查显示，大部分留级生对自己实际学习情况缺乏完整与系统的认知，学生找不到合适的学习方法，无法顺利毕业的情况时有发生，因此构建全程化的留级预警体系是非常有必要的。全程化留级预警体系可以有效监督和鞭策学生，帮助学生顺利完成相关学业。全程化，顾名思义，就是在入学之后，高校教育管理相关部门、家长、学生三方面共同协作，对学生的考勤、选课、重修、成绩、学分等各方面的情况进行考察和督促，帮助学生顺利完成学业，尤其是面对学困生时，可以进行重点帮扶，以规避不好后果的发生。

1. 通过数据挖掘技术建立完整的学业档案，从人本角度提升教育质量

若要健全保障体系、提升教育质量，就需要着重注意学生学业的完整性和连续性。当下高校已经能够完成共享和分析的两项内容分别是网上选课和查询成绩，但在考勤、学分、模块修读情况、课程评价、心理状态等方面还有所欠缺。完整学业档案的建立可以有效地对学生产生辅助监督的作用，学生可以利用学业档案及时把握自己的学习情况，以规避因疏忽导致的学业危机。

2. 构建基于过程的预警体系

教育工作不仅包括高校学生学业方面的内容，还包括对高校学生自我管理能力的培养和提高，帮助高校学生有一个全局的视野，从而能够对自身进行良好的整体规划，好的管理模型可以帮助我们实现这点。教育从来都不是一而就的，是一个循序渐进的过程，相比面对面警告，建立网络预警体系带给学生的压力更小，但就效果而言，面对面警告更胜一筹，所以面对面警告在高校教育管理过程中也是必不可少的。

综上，网络预警体系可以和面对面警告结合管理，在经过完整的分析和多层次、多种类的预警后，建立分级预警机制势在必行。比如可以设立三级预警：黄色预警、橙色预警、红色预警。在不断地给予学生警告的同时，预警级别的不断提高，可以更好地帮助学生逐步改进。预警级别的设立也可以有效地提高学生学习的主观能动性，从而引发更好的教育效果，比如，学生面对低级别预警时，首先会进行自我调整，但自我调整失败后，面对实际困难诱发的高级别预警，学生可能会倾向于向教师主动求助。基于过程的预警体系的建立，在减轻管理人员压力和提高教育质量方面作用重大。

3. 建立软件分析平台

完整的学业档案和快速软件分析平台分别是教育保障的前提和基础。完整的学业档案是包括了学生整个学业生涯的，若要保证高校教育管理的教育质量，提升高校教育管理的效率，动态的软件分析和查询平台的建立是十分必要的。一方面，基于对学生隐私的保护，网络留级预警体系被提了出来，若要保证学生只能查询本人的学习情况，就需要教学部门在分析平台上做好成绩库独立门户的链接，以便学生独立查询，这是分析平台建设的一部分。另一方面，只有

做到实时动态分析，高校教师和学生才能及时而有效地处理潜在的问题，所以建立实时分析系统也是很有必要的。

（二）形成部门合力，协同育人

当前，高校普遍存在的难题之一就是面对学困生的帮扶机制的科学建立与发展。我国高校教育管理通常分为两个方面，一是辅导员主要负责学生的日常管理，二是教务部门主要负责学生的学习管理，两部门通常各司其职。但实际运行下来，若两部门互相协作，从学生的实际需求出发，共同开展育人工作，将会得到更好的教育效果，对教育质量的提升也大有帮助。留级预警机制的建立，可以促进各部门尽快建立预案，从实际情况出发，运用数据挖掘技术，最大限度地为留级生解决实际困难，缓解学业危机。另外，及时的交流和反馈对学生的重要性不言而喻，所以各部门应互通有无、积极协作，从而有效地将偏离学业轨道的高校学生拉回来。

高校教育管理过程中，管理者如果只运用残酷的学籍处理方式监督高校学生的学业，不仅效果不佳，对学生而言也是不小的打击，同时对教育质量保障体系的建设也十分不利。构建人性化的留级预警体系不仅是对高校教育管理资源的一个整合，同时也对高校教育质量的提升有重要意义，因此如何对学困生建立且实行科学有效的留级预警，还需要多多实践与探索。

第四节 数据挖掘技术在高校教师科研管理中的思维创新

近几年，随着我国政府加大了国家科技创新的力度，学校对科研工作也非常重视，高校对教师的科研管理评价问题也引起了学校各部门和教师的广泛关注。科研评估是衡量教师科研能力、职称评审、岗位评聘、津贴福利发放的主要依据，也是学校科研工作控制的重要工具。然而，到目前，构建公正、合理、具有激励作用的高校师资队伍的绩效考核机制依然备受争议。

随着越来越多的信息技术被越来越多地运用到教学中，运用数据挖掘技术实现知识发现，同时基于知识发现对多个目标评估系统进行构建，为科学评估问题开辟新的途径。本节主要针对教师综合科研管理能力的思考创新评估问题进行了探讨，旨在通过运用数据挖掘中的聚类运算来建立学校总体层次不同教师科学素养评估的相关方法，为教师绩效与个人素质之间的关联关系提供数据支撑，为高校制订人才培训和人才引进政策提供依据。

一、问题的产生

教师是大学科学研究的重要组成部分，其研究思路与方法的创造性将直接影响到整个大学的科学研究。科学合理地评价高校师资队伍的科研管理思想、创新水平，是高校师资队伍建设的一个关键环节。

当前我国大学普遍采取的是以学科综合指数（指标）评估的方法，以科研课题和各类科研成果为主体，按各种指标的权重，将其转换成统一的、可比较的科学等值，并以个别教师的科研质量为核心。但是，就高校来说，由于其专业性质、研究对象的不同，其研究结果往往存在着差异化、不可比较性。科学确定不同学科、不同教师群体的科学研究水平，有利于对教师的科学研究进行客观的评估，并为教师的培训和引进提供科学依据。

二、教师科研业绩评价指标体系思维创新式的构建

（一）科研评价指标的选取

鉴于本节着重探讨了各专业的教学质量划分的问题，基于教育部"学科估计"的准则，以及当前大学普遍采用的方法，构建了该研究的绩效评估指标。

（二）学术专著或成果专利情况

因为学术专著或成果专利所涉人员比较少，而且有些研究发表的是学术专著，有些研究发表的是成果专利，所以为了方便起见，可以将两者合并为一个指标项。其中，学术专著的第一类指标分为专著、编著、译著和科普著，并按照著作出版级别对国家出版社和其他出版社进行等值积分。专利按类别划分，包括外观设计专利、实用新型专利、国家发明专利和国际发明专利等二级指标等。在此，理工科类研究的是成果和专利权的情况，人文学科和管理学科研究的是学术专著的发表情况。

第八章 基于新媒体环境的高校教育管理发展与创新

第一节 高校基于微信公众平台的学生管理思维创新

一、加强高校网络安全知识的传播思维创新

（一）引导高校自媒体发挥在正面网络舆情发布中的积极作用

互联网舆论具有覆盖面广、传播迅速、功能强大等特点，极易引起大学生群体事件，严重损害校园形象。在传媒时代，大学的网上舆论具有不可忽略的传播力和影响。基本上所有大学都有自己的微信公共服务，大学的管理人员对其进行了理性的计划和适当的控制，运用经典理论来进行正面信息宣传，与同学们进行主动交流。大学校园微信公共服务将是大学生进行思想政治教育的新手段和新工具，对于大学生新闻舆论的传播起到了重要的促进作用。

（二）建立多层级互补合作，确保学生工作的全覆盖和高效率推进

媒体队伍的建立能够增强学校和学生对媒体传播思想的革新作用。在校园文化建设、心理健康教育、就业规划创业辅导等方面，管理者根据学生的习惯、爱好，组织各类教育资料进行管理；同时，通过在微信公众号上的团委学生会和学生社团，以积极的信念、积极的态度、积极的情感，保持与学生的频繁、广泛的接触；宣传、教学、后勤等关键环节是高校网络舆论工作的重要环节，因此，要特别注意甄别，要对以"微信"为基础的大学生管理思想的创新进行

甄别并予以适当的互动。

二、强化高校微信公众平台的运营管理思维创新

（一）合理定位平台，建设高校服务性微信公众平台

大学新闻传媒的自主经营与构建必须进行科学的策划与定位。大学生网络媒体平台应具备的是以思想品德的创造性教育与心理咨询为主体的新型媒介，通过媒体的传播，构建起其工作平台。大学管理层在运营公共微信服务平台时，可以根据学校的具体条件，设定不同的功能和形式，主账号的子账号数目不同，但必须与主账号保持一致，互相协作。比如学校团委，教务处，后勤处，学生处，办公室，宣传部，学生会等等官方微信账号联动的发布与管理。在网络社会的公共平台上，大学生的服务性思路要从自己的角度出发，确定自己的服务对象和服务方法，并对其进行及时的收集和完善。使学生的工作更加高效，同时取得事半功倍的成效。

（二）丰富议题内容，提升高校微信公众平台网络教育特色

当前，传统的大学微信公共服务平台主要以校园新闻发布、学校公告为主，校园内部的信息发布是基于学校自身的社交网络，因此，要对大学生的经营理念进行改革。为了让学生更好地从网络媒体上获得认可，大学需要从学生的视角去考虑问题，要对学生保持友好的态度，能用幽默的、生动的话语来让学生主动去了解、去关注高校微信公众平台网络教育。还可以开设与大学生相关的栏目，如学习、就业、创业、爱好等话题，用幽默的图片和发人深思的话语来扭转传统的传媒形象，并在坚持严谨、实用原则的前提下，及时更新自己的观点。

（三）提高微信公众平台后台技术和功能性，开发多样的平台推送形式

微信公共服务的技术支撑是推动微信公共服务系统的重要环节。当前大多数大学的微信公共服务平台技术操作团队的现实状况还比较差，因此，必须重

视相关管理人员技术与技能的培养，积极引进美术、计算机等专业技术人才，并强化网络媒体的管理。针对目前大学生的特点和爱好，与其进行交流与互动，充分认识其真实需求，并通过多种渠道进行推送，使学生对学校微信平台保持新鲜感、对平台有一个更好的认可，从而更好地为学生管理工作服务。

三、加强高校网络传播管理的队伍建设思维创新

（一）提升网络传播管理者自身素质

提高大学生的传媒素质，有助于提高大学生对传媒的认识。要使学生在面对大量、重复、多样的信息时，必须不断地提升自己的传媒能力，使他们能够从各种不同的信息中，挑选出有用的信息；高校思想政治教育人员应具备良好的媒介素质，能够有效地抵御西方意识形态在传媒中的腐蚀，有效地抵御有害信息的侵袭，增强对社会主义的认同感；高校思想政治教育工作者的媒体素质是加强网络思想政治教育中媒体传播的重要内容。高校要掌握大学生心理变化、情感变化、兴趣变化、思维变化的途径和手段；高校要在微信公众平台上开设"思想政治"创新课程，并在节假日积极引导广大教师进行网上素质教育学习。另一方面，通过开设网络素养培训课程，可以促进教师思想政治工作整体思维的创新，增强学生的自学能力，增强学生的网络素质，增强学生的网络素养。

（二）优化校园微信公众平台团队建设

高校微信公众平台是一种受人为操纵、人主要掌控信息的传播，因此，必须加强对人的管理，特别是对管理者的管理。在面对大量的信息资源时，需要管理者整合内部资源，制订规章制度、培育一支专业的微信社交网络队伍，一支充满朝气的义工队伍。以微信公众平台为核心，管理者对日常内容进行编辑，丰富在线内容，保证微信平台正常、安全、高效地运行。在网络时代，要正确引导大学生的价值观、人生观、世界观等方面的认识，就必须加强校园微信公众平台团队的建设。

第二节　校园微博文化视野中的高校班级管理思维创新

一、微博对班级管理思维创新的影响机制分析

(一)"关注"功能的影响

微博上的"关注"功能,可以让两个人之间的交流变得非常自然。从正面的角度来说,辅导员、班主任可以通过微博关注自己的学生,了解他们的思想、生活,同时也可以利用微博,关注辅导员和其他同学的微博,让每个人都能更好地了解他们的工作,了解他们的思想。教师与学生之间可以利用"关注"这个功能进行交流,打破观念上的隔阂和代沟,确保课堂管理的创新性。从消极的方面来讲,如果"关注"的是不积极的内容,会给他们带来心理上的负面影响,从而使他们的思维产生偏差。

(二)"评论"功能的影响

在微博上,匿名可以让用户表达自己的想法,在好的情况下,老师可以在微博上发表自己的观点,并与同学们进行交流,并提出自己的建议,如果发现学生思想上存在问题,可以及时地加以引导,或者采取相应的措施,及时解决问题,从而使自己的学生管理工作能做到有的放矢,增强时效性和针对性。与此同时,教师可以对学生在微博上出现的负面情绪、不当言论进行批评,并及时纠正他们的不当言论,使他们树立正确的人生观、价值观和世界观。

从负面的角度来看,这条评论的匿名性会让人产生一种混乱的感觉,对某一事件既有正面的、积极向上的评论,也有负面的评论,断章取义,无中生有,歪曲事实。此外,那些拥有大量粉丝的博客作者的评论也会得到特别的关注,不管他们的评论是否正确、合理,评论都会吸引更多人的关注,而更多的关注则会产生更多的评论,这就导致一种新的权威的产生,这种权威与内容的正确与否无关,而在于目标的数量。这一现象对学生的价值判断也有一定的影响。

二、微博文化视野中的高校班级管理思维创新内涵

（一）微博文化视野中的高校班级管理思维创新目标

微博的兴起，为高校班级管理开辟了一条新的道路。通过微博，为学生和教师提供一个沟通和交流的平台，是当前大学班级管理的一种新潮流。在实施管理思维创新的过程中，我们必须明确管理思维的基本内容，这对于提高大学课堂教学改革具有指导作用。

课堂教学改革的本质在于培养学生的全面发展能力，而课堂教学的本质就是要充分发挥学生的潜能，增强课堂教学的有效性。微博的应用，无疑为大学生提供了一个交流思想、分享资源、互相帮助的平台。微博班级管理是利用微博进行学校管理的一种新型管理方式，在班级内设立一个集体微博，让学生与老师之间的联系更加密切，让管理更加深入、细致，实现了双方零技术、零障碍的沟通与交流。

从整体上看，大学微博班级管理的目标是实现班级管理最优化。除了与同学进行面对面的沟通之外，班级微博还能帮助他们超越时空的局限，以更容易被同学所接受，让学生在课堂中可以进行更深层次的了解与平等的沟通。透过微博互动，深入到同学们的心灵世界，发掘每个同学的特长，并尽早发现问题并加以改正。微博即时的表现和方便的交互沟通，既可以提高学生思维的活跃度，又可以增强班集体的凝聚力，同时也可以促进学生思想活动的健康开展。

（二）微博文化视野中的高校班级管理思维创新内容

1. 思想政治观念管理思维创新

在网络环境下，网络空间的信息传播与互动栏目呈现出多元化的特征。在课堂上，我们可以通过与班级有关的微博、调查投票、回复、辩论等方式来引导同学们对社会热点进行关注与反思，从而培养他们的爱国情怀。作为一名道德教育工作者，必须把握时代脉搏，把握大学生的激动情绪，充分利用微博的集体平台，使学校管理工作取得新的突破。

2. 目标与心态管理思维创新

在网络文化背景下，大学生的理想人格得到了新的定义：在信息的洪流中，他们具有辨别、解释、培养自觉性的能力；在虚拟环境下，可以维护个人的尊严与自尊，维护真实的人际关系；在微博的民主氛围中，关注转发的信息要健康文明，要让学生积极地参与到文明社会的建设中；在微博网络校园生活中，他们可以更好地学习自己的专业技能，并通过微博及时地更新自己的知识。

3. 教学信息管理思维创新

通过班内微博，可以共享各任课教师的基本情况、班主任情况、学生情况、班委情况、班干部情况等相关信息。在公开和传递教学信息的同时，它也可以对教师的教学效果进行监控，将教育的好坏通过微博进行实时的反映和传递，避免学生们有什么想法不能说或者不敢说。因此，它在客观上是对教师"教"的一种激励与回馈，有利于教学相长。

第三节　新媒体环境下高校网络舆情管理机制创新

一、转变政府管理创新理念，正确认识高校网络舆情管理

（一）高校网络舆情是现实问题的反映

调查结果表明，网上舆论大部分反映了现实社会中的各种矛盾。由于网民习惯于对社会进行批判，消极信息易于传播，使得网络舆论的传播迅速。在现实生活中，高校的网上舆论治理也要时刻关注教育行政机关与大学实际的管理情况，要加强与实体部门的联系，处理好实体事件，使网上的工作与线下的工作有机结合，从而达到解决网络舆论问题的目的。

（二）用好网络舆情双刃剑，服务政府决策是根本

网络舆论是一把双刃剑，网络谣言、网络暴力、舆情危机等问题都是网络舆论的基本形式，同时网络舆论也可以反映网民的智慧，合理化建议，对政府、高校作出积极的决策。在现实生活中，人们总是会在网上发表一些关于政府政策的言论，有的是为了发泄，有的是为了发表自己的看法，有的是为了人民的利益，为了社会的利益，符合网络舆论管理要求，因此也应该被接受。通过网络平台可以引导广大网友积极参与政府工作，并提供合理的意见和应对措施，以构建一个良好的舆论环境，促进我国高等教育的发展和社会的稳定。

（三）转变政府工作理念，用好互联网思维指导工作

在互联网飞速发展的今天，我们已经进入了大数据时代，智慧城市、智慧校园等建设飞速发展，高校的网络舆论工作也要有"互联网+"的思维，运用"互联网+"的思想，运用新的技术，强化教育主管部门和大学信息的公开力度，实现工作方式的互联性，多渠道的宣传，及时掌握和解读政策，防范谣言的滋生。与此同时，教育主管部门和高校管理创新团队要积极与广大网友进行交流，积极听取网友的意见和建议。

当前，中国人民大学、复旦大学、上海交通大学、清华大学、北京大学等高校已成立了舆情监测和管理平台，其都有助于提升高校网络舆情管理的技术化水平。

二、加强政府引导创新，提升高校网络舆情管理队伍建设

（一）成立政府、社会、高校三方协同的管理创新架构

教育主管部门要建立高校网络舆情工作领导机构，设立高校网络舆情管理中心，负责日常高校网络舆情管理事务，主动回应高校网络舆情的相关问题，形成政府起主导性作用，同时借助社会第三方和部分高校专业网络舆情监测中心的力量对高校网络舆情进行监管。

各级教育行政部门要出台相关政策，在学校内部建立起一支网络舆论监督

队伍，由党委班子成员承担"一岗双责"，在各自的权限内承担思想政治工作，形成以院系党政一把手挂帅，宣传部作为职能部门，各分院、学生处、教务处、团委、保卫处协同工作的管理体系，并专门成立网上信息调研队伍对各类论坛、微信群、QQ群等信息进行广泛收集。负责网上舆论导向的团队可以由思政教师、心理教师、学生辅导员、德高望重的专业老师、法律教师、优秀学生干部等组成，主要负责日常的网上舆论导向工作；组建专业的网络舆论信息采集队伍，由专职的专家对高校网络舆论进行收集和分析。

（二）加强培训工作，提升网络舆情管理员素养

加强高校网上舆论工作的创新，首先要解决的是人才问题。要建立专家队伍，从专业的视角加强对网络和情感的管理；同时，指导高校建立网络舆情管理员，网络舆情管理员必须具有较强的政治、专业、心理等素质和职业素养，才能应对当前复杂的高校网络舆情管理工作。教育主管部门要定期组织网络舆情管理员的网络舆情引导工作，对于网络舆情管理员进行系统的培训，提高网络舆情的监测、过滤、屏蔽技能，发挥网络舆情管理员的网络舆情引导能力，对于重大突发的网络舆情做好解释工作，引导网络舆情往正面、有利的方向发展，教育主管部门每年要进行优秀网络舆情员评选表彰，高校内部同时做好评选，并与绩效考核挂钩，打造出一支素质、政治、技能三项过硬的网络舆情管理队伍。

（三）培养合格的新闻发言人

2015年8月，教育部出台《关于进一步加强教育新闻发布工作的实施意见》，明确了学校领导作为第一责任人，在接受采访、把握问题、解决问题、指导舆论等方面发挥着重要作用。各业务单位坚持"由谁来负责、由谁来领导"的原则，不包底、不隐瞒，做到信息公开、透明。在构建新闻发言人系统的基础上，加强新闻发言人的培养。在讲话中，要坚持"为人民服务"这一方针，坚持"以人民为中心"；要有一定的传媒素养，说话要亲和，要清楚地表达自己的意图，要做到言简意赅，不能让网络危机事情再次发生。

（四） 建立网络舆情研判队伍

教育主管机关要在大学网络舆论工作中形成一套研判机制，组建一支政治素质高、沟通能力强、业务素养高的网上舆论分析团队；同时，对网上舆论的分析要有一个比较科学的分析过程。通过收集、分析、鉴定，最终形成舆论调查报告，要经过层层把关、沟通，才能准确地预测舆论的发展趋势，找到问题的根源，找到解决的方法，将问题的解决方案反映到舆论的报道中，让政府、学校的决策更加有效、精准。

总之，加强高校网络舆情管理队伍建设，必须以教育主管部门为主体，组建高校网络舆情管理中心，建立第三方网络舆情监测中心，管理高校网络舆情；在学校，要建立网络信息中心、宣传中心、网络舆论和突发事件处理指挥中心。网络信息中心主要负责：网络实名制、网络监管、网络舆情等方面的信息采集；信息发布、网络舆情分析、预警、信息发布。社会舆论危机处理指挥中心是由新闻发言人和相关职能单位共同组成的，主要负责处理网络舆论。

参考文献

[1] 曾瑜，邱燕，王艳碧．信息化背景下高校学生管理工作法治化研究 ［M］．成都：西南交通大学出版社，2016.

[2] 李正军．信息化背景下高校学生管理工作概论 ［M］．保定：河北大学出版社，2002.

[3] 刘伦．信息化背景下高校学生管理制度创新探索 ［M］．重庆：重庆大学出版社，2006.

[4] 孟宣廷．高等学校学生管理法治化研究 ［M］．大连：大连理工大学出版社，2005.

[5] 王凤彬，李东．管理学 ［M］．北京：中国人民大学出版社，2000.

[6] 陈丹红．大数据时代高校学生工作创新探究 ［J］．教育教学论坛，2018（35）：13-14.

[7] 陈锦山．高校学生事务管理模式的建构——评《高校学生事务管理模式创新》［J］．新闻与写作，2017（6）：3.

[8] 陈少雄，宋欢．"三大创新"推动高校学生思想政治教育工作化无形为有形 ［J］．高教探索，2018（8）：104-106.

[9] 杨德广．高等教育管理学 ［M］．上海：上海教育出版社，2013.

[10] 范晓，倪婷．大学生党员教育管理创新探索 ［J］．才智，2018（34）：37.

[11] 方雪梅，李杰．新媒体环境下高职院校核心价值观教育的路径选择 ［J］．职业技术教育，2018，39（20）：58-61.

[12] 顾赟，林丹．高校网络舆情视域下的大学生思想政治教育 ［J］．教育与职业，2016（15）：40-42.

[13] 郭军．基于创新能力培养的教学管理改革研究 ［J］．湖北函授大学学报，2019，32（4）：3-4.

[14] 郭立场. 新形势下高校学生党支部建设存在的问题及对策探析 [J].
中州学刊, 2019 (3): 17-21.

[15] 韩雪青, 高静毅. 大学生思想政治教育"主渠道""主阵地"协同育
人探究 [J]. 学校党建与思想教育, 2018 (3): 22-24.

[16] 胡玉冰. 浅析互联网背景下信息化背景下高校学生管理问题的创新
[J]. 神州, 2019 (3): 105, 107.

[17] 花树洋, 程继明. 大数据时代高职院校学生教育管理的现状审视及
发展对策 [J]. 教育与职业, 2019 (3): 36-40.

[18] 蒋娟, 程志波. "新时代"背景下信息化背景下高校学生管理工作创
新研究 [J]. 中国成人教育, 2017 (2): 39-41.

[19] 魏文彬. 第三种管理维度: 组织文化管理通论 [M]. 长春: 吉林人
民出版社, 2006.

[20] 郑燕翔. 学校效能与校本管理: 一种发展的机制 [M]. 上海: 上海
教育出版社, 2002.

[21] 陈永明, 朱浩, 李昱辉. 大学理念、组织与人事 [M]. 北京: 中国
人民大学出版社, 2007.

[22] 贺祖斌. 职业教育管理 [M]. 北京: 北京师范大学出版社, 2010.

[23] 王前新. 高等职业教育管理学 [M]. 北京: 红旗出版社, 2003.